徐福の基礎
と現代の徐福言説

伊藤健二　著

・「歴史としての徐福」と「文化としての徐福」
・日本各地の徐福文化と日中韓の国際交流
・オカルト徐福論の歴史的思想的背景

徐福の切り絵　　劉罡 作
（リュウガン）

・**徐福の切り絵**：作者の劉罡氏の一家は代々切り絵の家系で、多くの優れた切り絵の作品を創作し、中国連雲港市の無形文化遺産に登録されている。
・**表紙、中表紙、本文中の挿絵**：中国の慈渓市徐福研究会が発行した劇画『徐福東渡的故事』（2010年10月発行）から借用した。
・**表紙の徐福像の写真**：山梨県富士吉田大明見の徐福像。

目 次

はじめに

徐福って誰？

　「徐福」という人物の名前を聞いたこともない、と言う方がほとんどだろう。一言で言えば「秦の始皇帝の命令で、不老不死の霊薬を求めて、中国から多数の童男童女（子ども達）を連れて日本に来たとされる人」であり、日本には各地に徐福が来たという伝説がある。特に和歌山県新宮市や佐賀県佐賀市には濃厚な伝説があり、山梨県富士吉田を中心とする富士山麓、鹿児島県いちき串木野市、青森県中泊町小泊などにもみられる。地元の郷土史家は地元に残る徐福伝説の掘り起こす等の研究を行い、徐福会を組織している地方もある。地域によっては、徐福にまつわる神社などの宗教行事を行い、また自治体によっては徐福を観光資源として「徐福まつり」などのイベントを企画し、街おこしに利用している。徐福伝説は中国、韓国にもあり、日本と同様に各地で徐福会を組織しており、三か国の徐福会は国際交流を行っている。なお徐福関係者の間では、徐福伝説、各地の徐福像、徐福神社などの建造物、徐福まつりなどの活動を「徐福文化」と称している。

　一方では、徐福を伝説としてではなく、古代数千人の子ども達を連れて日本にやってきたという怪しげなストーリーに魅力を感じる人たちもいる。富士山麓には徐福が書いたとされる古文書まである。さらに一部の古代史愛好家は、日本神話やユダヤ同祖論と結びつけ、徐福の来日は歴史的事実だとして出版物、インターネットなどを通して自分たちの徐福情報を拡散している。このため徐福は一般の人からうさんくさいものと見られている。

本書の目的

　筆者は、日本徐福協会の事務局長を 6 年間勤め、国内と中国・韓国の徐福伝承地の方々など、多くの徐福研究者と交流しきた。この活動を通じて先輩の徐福研究者や筆者自身の研究によって得た様々な情報は、徐福の全体像を知る上で貴重なものであり、これらを記録し残すことがこれからの徐福研究にとって役立つと感じた。内容は以下の観点で整理したが、筆者は学術研究者ではないので高度な解説には至っていない。そのためそのつど参考とした文献等を明示したので、さらなる研究の発展に役立てていただきたい。

・**入門書として**：徐福に関する書籍は数多く発刊されているが、徐福を知らない人、徐福研究を始めた人に、基礎的な情報を整理し提供する書籍がない。例えば漢の時代に書かれた司馬遷の『史記』は、徐福伝説の出発点となるのだが、一般の徐福本では『史記』で使われる言葉の意味や時代背景などの説明がなく、当時の徐福を取り巻く状況がどうであったかが理解し難い。また基礎資料として、古代から近世までの徐福文献、全国の徐福文化（伝説、祭り、建造物など）、国内外の徐福組織、国際交流などの徐福に関する情報を分かりやすくまとめた。

・**日本各地の徐福文化の辞典として**：日本各地の徐福文化については、各地の郷土史研究者による論文があり、また民俗学者による優れた著作も刊行されている。本書は各地の伝説等を詳細に紹介するものではないが写真を多用するなど、徐福文化の背景とイメージがつかめるようにした。また全国各地の徐福文化の一覧表を掲載し、根拠となる古文献、現代の関連著作を入れ込んだ。

・**様々な徐福研究の紹介と考察**：一口に「徐福研究」と言っても、その内容は様々だ。民俗学の博士号を得るような純粋に学術的な研究も

あり、また徐福伝承地の郷土史研究家の熱心な研究がある。一方徐福来日を歴史と捉える人たちには、これは「事実かもしれない」程度の歴史ロマンを求める方から、史実であることを確信する研究者まで様々だ。今まで発行された徐福本は、それぞれの立場から書かれたものであるが、本書はこれらの人たちの言説を解説し、混沌としている徐福像を一般の方が理解できるように整理した。

・**オカルト的徐福の考察**：徐福を歴史として捉えるグループの一部は、徐福や始皇帝をユダヤ人だとしたり、徐福をスサノオなどの日本の神々と組み合わせて古代史を創作している。また古代、富士山麓に日本の帝都があり、そこに徐福が来て『宮下文書』（「富士古文献」とも言う）と言われる歴史書を書いたことが真実の歴史だと主張している。通常の徐福研究者は、このようなオカルト的徐福を相手にしてこなかったが、一般の方が目に触れる徐福に関する出版物やインターネット記事の多くは、このような観点なので無視はできない。本書はこれらの内容を紹介し、なぜこのような思考に至ったのかを近現代の思想史の中で考察した。

本書の構成と各章の概要

　各章ごとの概略を以下に紹介したが、本書は章ごとにテーマがこと異なるので、興味のある章から読むこともできる。第1章の『史記』の部分は徐福の根幹で重要な部分。第2章から第5章は各地にどのような徐福文化があり、徐福関係者はどのように徐福と関わっているのかの紹介と考察。第6章と第7章は徐福が関係する現代の偽史言説の紹介と考察を行っている。

第1章　『史記』の記述とその後の徐福文献

　司馬遷の『史記』と、その後の徐福文献をとりあげる。徐福に関す

る最初の文献は、徐福から約百年後に書かれた前漢時代の司馬遷の『史記』であり、これは当時の歴史書としての評価は高い。「徐福は平原広沢を得て王となり戻らなかった」の記述から、それはどこ？　日本？との期待が持たれてきた。

　しかし、文献の研究は一部の字句だけを引き抜いて解釈するのではなく、文献全体を見て歴史的背景などを見なければならない。例えば海神（仙人）がなぜ童男童女(子ども達)を土産として求めたのか。また「淮南衡山列伝」の「徐福は平原広沢を得て王となり戻らなかった」の情報を司馬遷がどのような経過で入手したかなどを見る必要がある。また古代の価値観や常識は現代人と大きく異なり、『史記』の記述は、当時の風習に基づいて解釈する必要があり、『史記』から徐福について何が言えるのかを考察した。

　『史記』以降も中国や日本の多くの歴史書や漢詩などに徐福が登場するが、時代も隔たっており歴史資料として扱うのは無理がある。しかし徐福が登場する文献は、徐福を巡る時代の変化を映し出しており、これらは「文化としての徐福」の貴重な研究材料となる。

第2章　様々な徐福群像

　多くの人々は、「本当に徐福が日本に来たの？」と半信半疑ながら、徐福の中国と日本を舞台とした壮大なロマンに関心を寄せている。一部の古代史愛好家は、徐福が日本に来たことは史実だとして、日本の神々や秦氏などの渡来人と徐福をアレンジした「古代史」を創作している。一方学術的に徐福を研究して、博士号を得た研究者もいるがそれは歴史学としてではなく民俗学であり、一般になじみのない民俗学としての徐福を紹介する。徐福研究の中核となるのは、徐福伝説を有する地方の在野の郷土史研究家であり、徐福研究は彼らの熱心な活動に支えられている。このように「徐福研究者」は、立場が異なる人たちが混在しており、混沌としている。本章ではこれらの徐福を取り巻く人々の群像を、整理して紹介する。

第3章　日本各地の徐福文化

　各地の徐福に関する伝説、活動、行事、祭祀などを徐福文化として紹介する。徐福文化の研究は徐福研究の中核をなすものだが、すでに民俗学者や郷土史家などが詳細に記述した文献がある。筆者は学術的な解説ができるレベルではないが、本書では多くの画像を挿入し徐福を知らない方でも徐福文化がイメージできることを目的とした。なお最後に各地の徐福文化の一覧表を掲載し、伝説の内容、建造物、絵画などの文化財、伝説を示す過去から現在までの文献をまとめ、読者がより深く徐福文化を研究するための参考資料とした。

第4章　日本の徐福組織と国際交流

　2016年に発足した日本徐福協会は、日本各地の徐福伝承地の郷土史研究組織とそれを支援する個人の徐福研究者が会員となっている。本章では、日本徐福協会と各会員の活動などを紹介する。

　なお日本徐福協会発足より28年前の1988年「日本徐福会」が設立されその後消滅した。会員には森繁久弥氏、梅原猛氏、團伊玖磨氏、裏千家家元など、日本を代表する文化人、経済人の重鎮が名を連ねている。現在では文化人が徐福で盛り上がることは考えられないが、当時の背景を日中関係史の中で考察する。

　また徐福伝説は中国、韓国にもあり、日中韓の友好のシンボルとされ、徐福フォーラムをそれぞれの国で開催している。これらを通して国際交流として徐福を見て行く。

第5章　徐福伝説の発生要因

　徐福の発生要因はいくつか考えられるが、最大の要因は修験道と言われる。全国の徐福伝承地の多くは修験道と関連しており、また修験道の聖地である熊野の新宮には古くから徐福伝説が認められる。日本で初めて学術研究としての徐福を切り開いた逵志保氏は『徐福伝説考』(1991年)で、熊野の徐福伝説の最も重要な要素として修験道を指摘し、逵氏に続く学術研究者の華雪梅氏も『徐福伝説と民俗文化』(2021年)

で熊野の修験道と徐福伝説について言及している。

　本章ではこれらを参考とし、徐福伝説の主な発生要因として修験道を含む熊野文化と捉えた。しかし徐福伝説の発生が主に江戸時代であることから中世の山岳修験ではなく、里修験等この時代の宗教環境の中で考察した。しかし伝説の発生要因の解明は難題であり、今後の学術者の研究に期待したい。

第6章　秦氏と徐福

　書籍検索やHP検索で「徐福」を入力すると、徐福や秦氏がユダヤ人だとするようなトンデモ徐福が上位にヒットする。徐福を秦氏に結びつける伝説は古くから見られるが、秦氏がユダヤ人であるとするのは近年の発想だ。また徐福が書いたとされる宮下文書（第7章参照）が正しい歴史だとするネット記事や書籍も多く見られる。本章はこれらのオカルト的徐福の誤りを指摘するだけでなく、オカルト的発想の原因を近現代の思想の流れの中で考察した。

　故羽田孜元総理の実家にある系図では、羽田家の先祖は秦氏だとしており、このことから羽田元総理はユダヤ人の子孫であるとして、一部の徐福研究者からオカルトのスターに祭り上げられている。羽田孜氏本人からも「自分の先祖は大陸や半島と関係ある」との発言はあったが、なぜそのことを強調したのか？　羽田元総理の講演論文全文を記載したので、真意を理解していただきたい。

第7章　「徐福が書いた？宮下文書」の真実

　明治時代、富士山北麓の現富士吉田市の民家から徐福が書いたとする「宮下文書」（富士古文献とも言う）が「発見」された。宮下文書によると、現在の富士吉田市一帯は古代に日本の帝都である高天原があり、アマテラスなどの神々や神武天皇などの活躍が、歴史上の人物として描かれている。しかし文体や内容から明らかに明治時代に書かれた偽書だ。歴史を偽った寺社の由緒書きはこの他にも山ほどある。しかし偽史の存在が問題なのではなく、「皇国日本がアジアの中心」とする宮

下文書を正しい歴史だとする、現代の言説が問題なのだ。

　本章では宮下文書が明治時代の国際関係を反映して、始皇帝や徐福の先祖が日本人だとし、日本に攻めてきた大陸（中国）の軍を撃退し、朝鮮半島からの新羅や百済と戦って勝利するなど、中国や韓国を敵視し、日本の神々と天皇を賛美する皇国史観の書であることを解説する。

本書執筆の情報源

　筆者は本書を執筆するのにあたり、既存の書籍の他、多くの徐福関係者からいただいた資料・情報を用いた。

　第4章で1990年代の徐福組織である「日本徐福会」を紹介し、また第6章で羽田孜元総理の講演全文を掲載したが、これらの資料は、神奈川徐福研究会会長の田島孝子氏からいただいたもので、徐福活動の歴史的な一断面を記録として残すことができた。

　同じく第4章では神奈川の徐福伝説の考察を行ったが、徐福が出てくる寺社の由緒書きの解読をおこなっていただいたのは、作家で中国文化に詳しい池上正治氏からだ。このほか神仙思想など中国関係の多くは講演等を通じて池上氏から教えていただいた。

　第7章で『宮下文書』の考察を行い、『宮下文書』と平田篤胤が、始皇帝などの中国皇帝の先祖が日本人であるという同じ歴史観であることを記した。平田篤胤は膨大な著作があり、そこから徐福に関係する記述を抜き出すのは容易ではない。しかし愛知県立大学の邉志保氏から、平田著作の徐福に関する部分の資料をいただき、これにより研究を行うことができた。

　宮下文書の調査のため何度か山梨県富士吉田市を訪れたが、富士山徐福学会の名誉会長の土橋寿氏と、会長の早川氏から現地の案内や貴重な情報の提供をしていただき、この章をまとめることができた。また宮下文書が発見された家の御子孫の方から、宮下文書の写真を本書

に掲載することを快諾していただいた。本書は「由緒書きとしての宮
下家の文書」に対する批判ではなく、それを正しい歴史だとする現代
の言説に対する問題の提起であることをご理解願った。

　この他全国の徐福研究者から様々な情報の提供をいただき、本書が
発行できたのは、これらの協力と各地の徐福研究者の研究資料があっ
たからであり、改めて関係する皆さまにお礼を申し上げたい。

凡　例

・本書は徐福に関しての知識がない方でも理解できるように、基本
　的な事項をわかりやすく紹介した。
・本書は学術研究書ではなく、高度な解説には至っていない。その
　ため、徐福に興味を持たれた方がさらに深い研究に進めるように、
　関連する書籍をそのつど紹介し、研究への橋渡しができるように
　した。
・参考文献等は通常欄外に示すが、本書では文献の紹介も重要な要
　素と考え、本文中に記載した。
・読みにくい漢字にルビをふったが、読み方が複数ある名詞は公的
　機関のHPなどを参考にしたもので、学術的な検討結果ではない。
・本書で使う略語：ホームページ→HP　古事記日本書紀→記紀
・本書は章ごとにテーマが異なるので、どの章から入っても理解で
　きるように務めた。そのため多少の説明の重複が見られる。
・筆者は日本徐福協会の事務局長を6年間務めたが、本書は当会の
　公的な見解を示すものではない。

第1章 『史記』の記述 とその後の文献
― 「徐福の文献」には何が書かれているのか？ ―

1 『史記』は徐福をどう描いているのか？

『史記』の「秦始皇本紀」に記された徐福の履歴書

　徐福について記された文献は数多くあるが、原点は前漢時代に司馬遷が記した『史記』である。始皇帝の歴史書である『史記』の「秦始皇本紀」に記載された徐福を履歴書風にまとめた。

氏名	**徐市**　（『史記』の「淮南衡山列伝<small>わいなんこうざんれつでん</small>」では**徐福**<small>じょふく</small>） 注：『史記』には二つの名前が記されている。徐市の市はイチではなく「一」と「巾」の組み合わせた漢字で日本語では「フツ」と読む。中国語での発音は徐福・徐市とも同じxufu（シーフー）であり、徐福は二つの名前を持っているわけではない。 （本書では全て「徐福」を用いる）
出身	**斉国**（現在のほぼ山東省。徐福の時代に秦国に武力併合され滅亡） 注：『史記』には「斉人」だけで出身地の記載がない。出身伝承地として現在の江蘇省連雲港市贛楡区（戦国時代には斉国とされる）と山東省龍口市の説がある。戦国時代の生まれであることは推定できるが生年月日などの詳細は不明。
職業	**方士**（ほうし） 注：方士は、神仙、医薬、保健、摂生の技を持つとされている。神仙というのは、ある種の神秘的な思想である。その源流は、中国でいう五岳の一つ泰山（山東省）を神山として崇めることにあり、長寿を願い不老を志向する。神山はいつしか現実にある泰山から「海中の三つの山」となる。この神仙思想は、中国の民間に今も根強く残る道教の基盤でもあり、重要な要素である。 （池上正治著『徐福』より。一部要約）

始皇帝とのやりとりの経過	始皇28年の項（紀元前219年） 徐福は始皇帝に不老不死の霊薬を求めて東海の仙人に会いに行くことを上奏。始皇帝は童男童女数千人と海に出ることを了解し出発させた。 始皇35年の項（紀元前212年） （始皇帝の発言）「徐福等の方士に対して多額の出費をしたが、結局霊薬は得られなかった。家臣からは、彼らに毎日のように不当な利益をだまし取られた、との報告を聞いている」 始皇37年の項（紀元前210年） （注：徐福との謁見や始皇帝の死は翌年の紀元前209年） 徐福は巡幸中の始皇帝と琅邪（ろうや）(山東省)で再度謁見。大鮫に妨害され霊薬が得られなかったなどの嘘のいいわけを述べ、再度出航の上奏を行った。その後始皇帝は首都、咸陽への帰路病死。 注：『史記』の「始皇帝本紀」に記された歴史書としての徐福の記述は以上だが、『史記』の「淮南衡山列伝」（わいなんこうざん）で漢代の淮南王家臣の発言として、「徐福は平原広沢を得て王となって戻らなかった」と記されている。

『史記』の用語と基本事項の解説

　『史記』の徐福関係記事を理解する基礎知識として、『史記』の概要や『史記』に現れる特殊な用語を以下に整理した。

司馬遷	司馬遷は代々歴史編纂の家柄にあり、前漢の武帝に仕え武帝の勘気を被り刑に服すなどしたが、紀元前91年頃歴史書『史記』を完成させた。徐福と始皇帝の二回目の対面から約120年後となる。
『史記』の性格	漢の正史（国家が編集した歴史）。歴史書として高く評価されているが、正史の性格として自分の政権を正義とし、前政権の秦や、漢の敵対勢力を悪く描いている。
『史記』の構成	『史記』は一つの物語ではなく、いくつかの種類に分けられる。 ・十二本紀：本紀は史記の中心となるもので、各皇帝等(五

	帝、夏、殷、周、秦、秦始皇、項羽、高祖、呂后、孝文、孝景、孝武）が描かれている。 ・七十列伝：いろいろな人の人生を描く ・このほか、表（年表）、書（暦、封禅などのテーマ毎の書）、世家（孔子などの名家の家系の記録） （徐福は「秦始皇本紀」と「淮南衡山列伝」に記載）
始皇帝 とは	始皇帝は紀元前221年、周辺の国々を滅ぼし、中国史上初めて統一国家を築いた。始皇帝は万里の長城、大運河の建設、度量法、文字の統一などの業績が知られている。一方焚書や儒学者を生き埋めにするなど暴君と言われるが、近年再評価が行われている。また始皇帝は神仙思想に染まっており、徐福が上奏した不老不死の霊薬を東の海に取りに行く事業を了承した。 　始皇帝は巡幸途中の琅邪（山東省）で徐福と二回目の謁見した後、病となり帰路の沙丘で死に、遺体は首都咸陽に運ばれたが、咸陽に着くまで死んだことは隠された。
童男童女 とは	徐福が始皇帝に上奏した中に、不老不死の霊薬を得るために仙人（海神）への土産として、「数千人の汚れのない子供達（童男童女）」を要望した。『史記』にはその理由が記されていない。「仙人は純心無垢な心を持つ人間としか会わない」と解釈する研究者もいるが、なんで数千人の人数が必要なのか。いずれにしても、童男童女を調達するのは秦の政府であり、始皇帝が納得する理由があったはずだ。これについて本文（P25）で改めて考察する。
百工とは	『史記』「淮南衡山列伝」の記述では、仙人から供物として、童男童女だけでなく「百工」を求められている。百工は一般的には、「技術を持った多くの工人」と解釈されるが、中国語の百工には、「多くの工作物」の意味もあり、人なのか物なのかは、翻訳者により異なる。
徐福東渡 上奏の意 図は	『史記』「秦始皇本紀」の記述からは、始皇帝をだまして大金をせしめるなど、ペテン師であるかのような記述となっている。しかし「淮南衡山列伝」は、亡命して新天地に行ったように読み取れ、日本の徐福伝説はこの記事が大きな要因となっている。

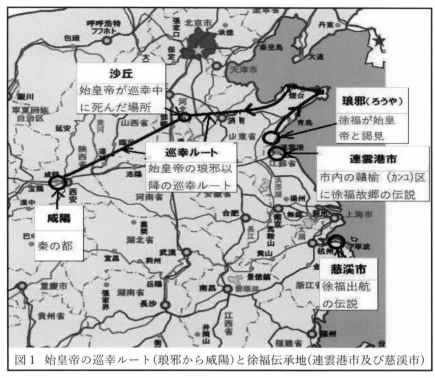

図1　始皇帝の巡幸ルート（琅邪から威陽）と徐福伝承地（連雲港市及び慈渓市）

（図1は、中国ツアー専門店「旅情中国」HPの地図を加工したもの）

『史記』は歴史書として信頼できるのか？

　司馬遷は自らの伝記（太子公自序）で、漢王朝が所有する記録類を読んだとしており、これらの記録を基に『史記』を編集したものだが、一方では聞いた伝承などを入れ込み物語りとして創作した部分もあり、全てが史実とは言えない。近年発掘された金石文や木簡文の解読から、史実どおりの事例もあるが史実とは異なる記述も確認されている。（参考文献：藤田勝久『司馬遷の旅』2003年中公新書）

　項羽が秦への攻撃で都の威陽を焼き落としたが、その数ヶ月前に威陽

に入った劉邦の家臣は、秦の文書殿に入って法令や戸籍などの書物を持ち帰った。（NHK番組「古代中国-よみがえる英雄伝説」による）

　劉邦はその後、漢王朝を成立させたが、蔵書を管理するため石造りの倉を設けるなどした。漢の役人である司馬遷は漢の国家事業として『史記』を編集したのであり、石倉などに保管されている秦時代の記録類を自由に読める立場にいた。徐福から120年という年月は記憶にとどめるには長いが、記録ならば十分に残る。

　徐福に関しては、始皇帝に不老不死の霊薬を取りに行くと上奏したことは史実と考えられるが、その後に船で東方に向かったかどうかは「秦始皇本紀」には記載されていない。「徐福が平原広沢を得て王となった」話も、歴史として記述されているわけではない。ましてや『史記』に日本が登場するわけではなく、後世の伝説の中でこれが日本とされるようになった。『史記』の記述が正しいとしても、徐福について歴史として確認できることはごくわずかだ。それでは具体的に『史記』の中身を見てみよう。

「秦始皇本紀」での徐福の記述

　『史記』の「秦始皇本紀」に徐福の記事は三か所あり、一回目は始皇帝との謁見で仙人と会うために出航を命じられ、二回目は多くの出費をしたにも関わらず成果がなく、始皇帝が徐福に騙されたとして怒った記事であり、三回目は徐福との再度の謁見で、徐福が再度の出航を上奏した記事だ。内容は以下のとおり。

（華雪梅『徐福伝説と民俗文化』から引用。カッコ内は筆者による注）
① 始皇28年の項（紀元前219年）
　　斉の人、徐福が上書して言った。「海の上に蓬莱・方丈・瀛洲という三つの島からなる三神山があり、そこには仙人が住んでいる。斎戒して心身を清め、汚れのない童男童女と三神山に行くことを請

い願う」　始皇帝は徐福を童男童女数千人と共に海に出発させ仙人を求めさせた。

② 始皇35年の項（紀元前212年）

（始皇帝は儒家よりも方士を信頼し不老不死の霊薬を求めたが、方士である候生と盧生に裏切られたり、偽方士が多かったりしたので、始皇帝が怒って言ったことば）

「自分は以前、天下の書で使い物にならないものはことごとく処分した。文学方術の士を集めて国を治めようとした。方士は練丹術で奇薬を求めようとした。しかし今は皆去って、報告にも来ず、徐福等は巨万の出費をしたが、結局薬は得られなかった。毎日不当な利益を謀られたとの告発を聞いている。」

③ 始皇37年の項（紀元前210年）

（10月始皇帝は5回目の巡行に出発し、翌年琅邪で徐福と再会した。）

徐福等は船で神薬を求め数年たったが得られなかった。使った費用も多大であり、咎めを恐れて始皇帝に詐って奏上した、「蓬莱の薬は得ることはできます。しかしいつも大鮫に苦しめられるために、蓬莱山まで至ることができません。どうか弓の名手を同行させてください。大鮫が現れたら、連弩（連射石弓）でこれを射とめましょう」と。始皇帝は人の形をした海神と戦う夢をみた。海神は人間と同じようであった。夢占いの博士に聞いてみると、「海神は目で見られません。大魚・鮫龍がその兆候です。いま、陛下の祈祷祭祀は備わり謹んでおられますのに、悪神があるのですから、当然除去すべきです。そうして始めて善神が来るでしょう」と。そこで海上に出る者に命じて、巨魚を捕らえる道具を携行させ、始皇帝自らも連弩をもって大魚の出現をうかがってこれを射止めようとした。琅琊から北上して山東の栄成山まで至ったが、大魚を見なかった。更に進んで之罘に至って大魚を発見したので、射てその魚を殺した。ついに山東半島の海岸に沿って西に進んだ。

（その後始皇帝は咸陽への帰路病んで沙丘で亡くなり、始皇帝の死は伏せられたまま遺体は咸陽に運ばれ9月に葬られる）

「秦始皇本紀」から徐福に関して何が言えるか？

○秦始皇28年の項（紀元前219年）

・徐福は始皇帝と謁見し、仙人の所に行き不老不死の霊薬をもらうことを奏上をした。「始皇帝は徐福に童男童女数千人と共に出発させた」とあるが、その後の徐福の具体的な行動の記述はない。

○始秦皇35年の項（紀元前212年）

・「仙薬を得ることができなかった」とあるが、出航したとしてもどこでなにをしたのかの記載がない。

・始皇帝は「徐福等は巨万の出費をしたが、結局不老不死の霊薬は得られなかった。毎日不当な利益を謀られた」との告発を聞いている。これを見ても徐福がまともに東方に船出して霊薬を探しに行ったとは読み取れない。

○始皇37年の項（紀元前210年）

・再度の謁見で徐福は「大鮫に苦しめられ蓬莱山まで行くことができなかった」と「叱責されるのを恐れ偽りを語った」とあり、大鮫を理由に蓬莱山に行かなかったことの言い訳を述べ、再度の出航を上奏した。しかし出航したかどうかなど、その後のことは記されていない。

・始皇帝巡幸の経過

    10月　威陽出発。途中、丹陽（江蘇省）、銭塘、浙江、会稽などを巡幸。

    ？月　琅邪で徐福と謁見。その後海上で悪神である大魚を自ら打ち、之罘を経由し、平原津で病気となる。

    7月　始皇帝、沙丘で死ぬ。（死は威陽に帰るまで伏せられた）

    ？月　威陽に戻り喪を発し、皇太子の胡亥が二世皇帝に即位。

    9月　遺体が葬られる。

    （注：始皇37年（紀元前210年）の項は年を翌年にまたいでいる）

・始皇帝が徐福と会った月は書いていないが、距離からみても、せいぜい始皇帝が死んだ7月の2、3か月前だろう。

・徐福の渡航は、多数の船の製造、多数の童男童女の調達など短期間にできることではない。造船や童男童女の調達は秦の役人が中心となるが、始皇帝の死によって徐福が不老不死の霊薬を取りに行く理由がなくなる。また始皇帝の死後、秦の後継者争いなど統治機能が混乱し、秦の役人が徐福出航のプロジェクトを遂行したとは考えにくい。

・一般には徐福は出航していると考えられている。出航の目的は、始皇帝の暴政から亡命し、童男童女を連れて新天地を築くためとの解釈だ。その説の根拠は、『史記』「淮南衡山列伝」の「徐福は平原広沢を得て王となって戻らなかった」の記述である。これについては、次項で検討する。

　以上のように「秦始皇本紀」では、徐福の行動の記載がほとんどないが、これは司馬遷の調べた秦時代の資料に徐福の行動記録はなく、余計な脚色はしなかったのだろう。そもそも「秦始皇本紀」は始皇帝の歴史書であり、始皇帝に関すること以外は書く必要もないのだ。

「淮南衡山列伝」での徐福の記述

　「徐福は平原広沢を得て止まり王となって帰ってこなかった」とは？

　『史記』の「淮南衡山列伝」に「徐福は平原広沢を得て止まり王となって帰ってこなかった」と書かれている。平原広沢というのは、水の流れがある稲作に適した平地であると連想される。このことから徐福が秦を離れ東海の島で王国を築いたのは歴史的な真実だ、との解釈が聞かれる。列伝とは諸侯等の伝記であり、「淮南衡山列伝」は、漢の諸侯である淮南王と衡山王に関する記事である。淮南王劉安が漢武帝の匈奴討伐に反対したため淮南の領土を減らされたことなどに不満をもって反乱を起こそうとしたときに、家臣である伍被が反乱計画に反対し淮南王を諫めて言ったことばに、このフレーズが入っている。

　次に記載した伍被の発言の主旨は、秦の時代にいかに人民が子供達を

連れ去られ嘆き、そのために各地で反乱が起きたかを具体的な例を挙げて説明し、それに対して漢武帝は徳のある政治を行っているので、反乱すべきではないと淮南王に対して進言したことだ。すなわち伍被が徐福の話を持ち出した理由は、多くの少年少女が誘拐されるという秦朝の悪政の例として記されている。

『史記』「淮南衡山列伝」第58　抜粋
（『史記　列伝　四』（岩波文庫1975年）を基に加工した。なお文中のカッコは筆者による注釈）

家臣である伍被が淮南王を諫めて言ったことば

〇かって秦は聖人の教えを棄て、学者を殺し、詩書などを焼き‥‥数千里の長城を築かせ、数十万の兵士を荒野にさらし、死者は数え切れない。乱を起こそうとする者が十軒のうち五軒ある。

〇始皇帝は徐福に不死の薬を求めさせ、徐福は東の海で海神と会い、始皇帝に偽りの報告をした。海神(仙人)とのやりとりは次のとおり。

海神：「おまえは西の皇帝の使者であるか」

徐福：「その通りです。」

海神：「おまえは何を探し求めておる」

徐福：「延命長寿の仙薬をいただきとうございます」

海神：「おまえたちの秦王の供物が少ないから、おまえは（仙薬を）手に入れられない。

（徐福は海神の案内で蓬莱山の宮殿楼閣に行き、そこで銅色で龍の形をした光り輝く仙界の使者を拝し、尋ねた）

徐福：「何の品を献上いたしますとよろしゅうございましょうか」

海神（仙界の使者）：「良家の少年少女たち（童男童女）とさまざまな器械や道具類（百工）を献ずれば、望みのものは得られよう」

〇始皇帝はたいへん喜んで、少年少女三千人を送り出し、五穀の種子と器物や道具類をそろえて旅立たせた。（始皇帝をたくみに欺いた徐福は）広い平野と沼のある島（平原広沢）にたどりつき、そこに居ついて自分が王となり、帰ってこなかった。そこで人民は悲しみ歎き、反乱に起ち上ろうとするものが十戸のうち六戸にもなった。

なぜ仙人は童男童女を求めたのか？

　「淮南・衡山列伝」では、徐福が始皇帝に行った偽りの報告として、「供物が少ないから海神（仙人）から仙薬をもらえなかった。その供物とは童男童女と百工」としている。「秦始皇本紀」には「供物」の言葉は現れないが、童男童女を連れて行くことは徐福の始皇帝に対する要望の言葉なので、始皇帝が納得する理由がなければならない。ところで「供物」とは「お供え物」の日本語にもなっており、仏壇に供える果物などがイメージされるが、古代の中国や日本では生け贄（人や動物を生きたまま神に供えること）としての供物もある。筆者は以前ある中国の徐福研究者に、童男童女を連れて行く理由を訪ねたところ、仙人への生け贄だ、との答えだった。

　インターネットで「童男童女　陪葬」で検索するといくつかの中国メディアのHPにヒットし、中国の古墳にある小さな子供の陪葬（殉葬）の生々しい写真と記事を見ることができる。これによると子供を陪葬する理由は、世俗に汚染されていない子供は強い霊気を持っており、陪葬することにより墓の主人は昇仙（天に昇って仙人になる）できるという神仙思想に基づいている。陪葬の方法は、子供の体に防腐処理として水銀を注入した。生きている人間を陪葬することは、漢、唐の時代は禁止されたが、明の時代に復活したとのことだ。

　「淮南衡山列伝」では、海神は生け贄として童男童女を要求したのだが「平原広沢を得て王になった」の記述からハッピーエンドで終わらせ、生け贄とするような残忍性を避けている。

・参考文献 1 ：大野圭介（富山大学教授）　2023年HP「朴斎主頁」の「古代神話は史実を反映している？」
・参考文献 2 ：新浪網 2023年HP「古代殉葬制　為何用童男童女陪葬？还要活灌水银，真相太可悲（古代の殉葬制度　なぜ童男童女を陪葬するのか？水銀を生きたまま注ぐ、真実はあまりにも悲しい）」

百工とは？　「人」なのか「物」なのか？

　24ページの訳では「百工」を「さまざまな器械や道具類」としている。「百工」の中国語は「多くの工人（職人）」と「多くの工作物」の二つの意味があり、「淮南・衡山列伝」の翻訳者により「人」か「物」かは異なる。徐福本の多くは、「職人」の意味としているが、百工は徐福が求めたものではなく海神が要求したものだ。なぜ仙人の世界で浮世の職人が必要なのか理解し難いが、「工芸品のような価値ある宝としての工作物」ならば海神への「供物」として納得ができる。しかし携行品として海神から要求されていない「五穀の種子」も持って行き、また「平原広沢を得て王となって戻らなかった」の記述から、「淮南衡山列伝」では結果として徐福が新天地に移住したストーリーとしている。このためここでは「多くの職人」の意味がなじむ。司馬遷は、「百工」の二つの意味を巧みに使い分けたのだろうか。

「秦始皇本紀」と「淮南衡山列伝」の記述の違い

　今まで見てきたように、「秦始皇本紀」と「淮南衡山列伝」では徐福に関する記述が異なっており、それを以下の表にまとめた。

『史記』		「秦始皇本紀」 （始皇帝の歴史書）	「淮南・衡山列伝」 （淮南王家臣の伍被の発言）
同行した童男 童女の数		一回目　数千人 二回目　記載なし	三千人
携行	百工	記載なし	記載（海神からの要求）
	五穀の種	記載なし	記載（海神の要求ではない）
一回目が失敗 した理由		大鮫のために蓬莱山 まで行けなかった。 （徐福が偽って言った）	海神と会ったが、「供物 が足らない」と言われた （徐福が偽って言った）
出航の記述		一回目は出航を承認 二回目は記述がない。	平原広沢を得て王となり 戻らなかった。

　司馬遷は歴史の記述としては「海神と会った」などオカルト的な内容を排しているが、「淮南・衡山列伝」では他人の口を借りて不確実な話

も導入して内容を面白くしてる。

　なお徐福に関する多くの書籍やネット記事では、「平原広沢を得て王となり戻らなかった」と「秦始皇本紀」に書いてある、としているが「淮南衡山列伝」の誤りである。誤った情報が拡散するいい例だ。

「淮南衡山列伝」記述の歴史としての考察

　司馬遷は淮南王劉安と家臣伍被の会話の内容をなぜ知っているのか？伍被は漢政府に自首し、淮南王の反乱計画を漢政府に密告した。漢政府が作成した伍被の取り調べ調書の中に徐福の話が入っていたのだろう。このころ司馬遷は二十代始めだが（司馬遷の生まれ年は諸説あり）父親の司馬談は漢政府の役人で歴史の編纂事業を行っていた。（その後司馬遷に事業を引き継いだ）そのため二人は伍被の取り調べ調書を読める立場にあり、捕らえられた伍被と直接会って話を聞くことも可能だ。伍被の弁明の内容は、「自分は淮南王に対し、徳のある漢政府に反乱するべきではないと諫めた」ということであり、その諫めの内容の一つに、「秦政府は徐福東渡計画の遂行のために、子ども達を誘拐するなど悪政で人々が嘆き悲しんでいるが、漢は善政である」ということだ。実際に漢の時代、陪葬は禁止している。この他にも伍被は秦政府の悪政と漢政府の善政の数々を並び立てた。その後、伍被は弁明にもかかわらず反乱計画に関わったとされて死罪となった。なお淮南王は漢の役人に捕まる前に自害している。（参考文献：司馬遷『史記列伝四』岩波文庫）

　重要なことは、司馬遷が歴史として書いたのは「伍被の発言」であり、その内容を歴史としているわけではないことだ。しかし歴史として考えられることも見えてくる。なぜ淮南王劉安と家臣伍被の会話に百年前の徐福のことが出てくるのか？　劉安は漢の初代皇帝劉邦の孫であり、多くの学者を招いて哲学書である淮南子を編纂するなどの研究者で、伍被も学者としてその編纂に参加した。淮南子は道教思想を基礎としており、

道教は神仙思想である方士徐福につながる。そのため二人が徐福のことに興味を持っていたことは十分考えられ「平原広沢を得て王となった」の情報も伍被がどこからか聞いていたかもしれない。もちろんそれだけで史実だとは言えない。

　また子ども達が誘拐され、民衆が怒っていただろうことも史実としてあったのではないか。　秦の政府が徐福のために、実際に子ども達の誘拐に着手したことも考えられるが、徐福以外でも秦の時代には前述のとおり歴史の事実として、童男童女の陪葬が行われているとのことだ。このために子ども達が誘拐されることは、当時社会問題となっていたのではないか。

　なお「徐福」の名は、「秦始皇本紀」では「徐市（じょふつ）」、「淮南衡山列伝」では「徐福」となっているが、いずれも中国語での発音は「シーフー」で同じだ。伍被を取り調べた漢の役人が、シーフーの漢字を間違えて書いたのだろう。日本でも人名の漢字の間違えは昔から現代に至るまで山ほどある。市（ふつ）の漢字はナベブタの市ではなく縦棒を貫いた市（ふつ）であるが、他の文献では日本語としても中国語としても見たことがない。使いにくい漢字なのでその後「徐市（じょふつ）」ではなく「徐福」が一般的になったと考えられる。司馬遷が秦時代の公的資料を見て書いた「始皇帝本紀」の「徐市（じょふつ）」が本来の名前と考えられる。いずれにしても『史記』の中では徐福は脇役でしかなく、漢字の違いに大きな理由はないだろう。

年	司馬遷と淮南王に関連するできごと
BC209年	徐福が秦始皇帝と謁見。その年に秦始皇帝死去
BC206年	秦滅亡。
BC202年	劉邦による漢が成立
BC145年	司馬遷生まれる（BC135年説もあり明確ではない）
BC122年	淮南王劉安の反乱未遂。家臣伍被処刑、劉安自害。
BC110年	歴史書編纂を行っていた司馬遷の父　司馬談死去。
BC 91年	このころ『史記』完成　（歴史編纂は司馬遷が引き継いだ）

2　江戸時代までの徐福関連文献

徐福文献一覧

　『史記』以降も徐福に関する文献は、日本と中国で歴史書、宗教書、また漢詩など様々な形で現れるが、それらを以下の表に示す。

時　代	文　　献		内　　容
前漢 （弥生時代）	『史記』 司馬遷著	秦始皇本紀	始皇帝の歴史書
		淮南衡山列伝	漢時代の淮南王に関しての書
後漢・唐 （弥生時代〜 平安時代）	・漢書 ・後漢書 ・三国志の呉書 ・李白や白楽天の詩		・内容は省略。 ・逵志保『徐福伝説考』 （一季出版）に詳しく記載されている。
五代十国 （平安時代）	『義楚六帖』 中国の僧が編纂した仏教文献		日本の僧から聞いた話として、徐福は童男童女と共に富士山に行った。
北宋 （平安時代）	漢詩『日本刀歌』 欧陽脩作（官僚）		徐福は中国で失われた書を日本にもって来た。
鎌倉時代	漢詩「献香於紀州熊野霊祠」　無学祖元作 （南宋の僧1279年来日）		熊野の徐福の祠にお香を献じた詩。当時熊野に徐福の祠があったことを示す文献。
南北朝時代 1339年	『神皇正統記』 北畠親房著（南朝方の公家）		南朝を正当化する歴史書。徐福の名は登場しないが、徐福を材料としている。
室町時代 （中期）	漢詩集『東海瓊華集』 惟肖得厳作（臨済宗の僧）		徐福が熱田に来て熱田神祠を建てる。
安土桃山時代 1554年	妙善寺福岡家の墓誌 （神奈川県）		先祖は徐福で、富士山から秦野、さらに藤沢に移り住んだ。
江戸時代	1648年	金立神社縁起図(佐賀県)	徐福の上陸の様子を描く。
	1650年	『本朝編年』林羅山著	徐福は孔子の全書を日本に持ってきた。
	1675年	『北筑雑藁』（福岡県）	八女の古墳の舟形石棺は、徐福の船が石化した。

	1688年	『異称日本伝』 松下見林著	徐福は始皇帝の暴政を逃れるために日本に来た。
江戸時代	1696年頃	『牛窪記』(愛知県)	徐福一行が熊野からこの地に移り住んだ。
	1698年	福源寺の鶴塚(山梨県) 1798年に鶴塚碑を建立	徐福が鶴となり飛びかっていたが、死んで落ちたところに葬られた。
	1700年	『筑前国続風土記』 (福岡県)貝原益軒著	天山に「徐福は船をここの巨石に繋いだ伝説」があるが、これはこじつけだろう。
	1700年以降	『法連寺真名延喜』 (神奈川県)	徐福がインド人からもらった仏像を安置。
	1760年	『同文通考』新井白石著	徐福により孔子の全書が伝えられた。
	1755年	『唐土大明神之由来書』 (神奈川県)	徐福が中国から秦始皇帝の像を持ってきた。
	1819年	『神字日文伝』 平田篤胤著	徐福が日本に中国の書を持ってきたというのは中国人の戯言だ。(他にも多く言及)
	1843年	『三国名勝図絵』 (鹿児島県)	徐福は不老不死の妙薬を求めてこの地に来て、冠嶽に冠を埋め熊野に行った。
	1859年	『新神口碑記』 (京都府)	神となった徐福が、はしかの流行を抑えた。

中国の歴史書、文学作品に現れる徐福

　『史記』以降の時代も、徐福は『漢書』や『三国志』などの歴史書や漢詩に登場する。例えば、『漢書』の「郊祀志」には次のように書かれている。

　「秦の始皇帝が初めて天下を統一してから、神仙の道にのめり込み、徐福・韓終らの一派に男女の子供をたくさん与え、船出して神仙を求め

仙薬を採らせたが、そのまま逃げて戻らず天下の人々が恨んだ。」

　しかしこの記事は、『史記』の内容をアレンジしたもので、司馬遷が得た歴史資料以外の新たな資料に基づくとは考えにくい。昔の書物は引用文であっても明示せず、連想ゲームのように拡散していく。

　李白や白居易などの唐詩などにも徐福が見られるが、時代が下りしかも漢詩などの文学作品なので歴史資料とすることはできない。しかし鎌倉時代の漢詩からこの時代に現新宮市に徐福の祠があり、また江戸時代の紀行文から男鹿半島に徐福塚があったことがわかるなど、文化史の史料としての価値は大きいものもある。

『義楚六帖（ぎそろくじょう）』－日本に徐福が来たとする初めての文献

　徐福が日本に来たとする最初の文献は、『義楚六帖』である。この書は五代後周（平安時代）の斉州（現在の山東省）の僧 釈義楚（しゃくぎそ）が編纂した仏教書で973年に刊行された。その中に日本から来た僧、寛輔（かんほ）から聞いた話として、「徐福は富士山に来た」の記載がある。この『義楚六帖』は多くの仏教書を集めた仏教辞典で、木版印刷され中国国内だけでなく朝鮮半島や日本にも広く伝えられ、日本では南宋時代の印刷書が国宝として残されている。『義楚六帖』が徐福伝説拡大に果たした役割は大きく、これ以降徐福の来日は世界的な「歴史」とされた。（参考講演：華雪梅　2019年中国連雲港市）

　日本国、又の名は倭国。東海の中にある。秦の時、徐福は五百の童男、五百の童女を率いて、この国に止まった。日本国の弘順大師が言うには、本国の都の南五百余里に金峰山有る。頂上に金剛蔵王菩薩が有る。第一の霊山であり、山に様々な草木と多くの寺がある。高い道を目指し修行するものがいる。又、東北千余里に富士山という山が有り、又の名を蓬莱という。山は険しく三面は海で、頂に火煙が有る。徐福はここは蓬莱だと言って止まった。今に至って、子孫は皆秦氏と言う。

（華雪梅『徐福伝説と民俗文化』（P60）を要約）

　日本の僧、寛輔（かんほ）は一般にはなじみがないが、927年に宗に渡り、958

年に義楚に上記の話をしている。（袴田光康「徐福渡来伝承をめぐる断章；寛輔のこと」＜静岡大学学術リポジトリ＞による）

　徐福の子孫は秦氏を名乗ったとされており、富士北麓には現在も多くの羽田（読みはハタで秦と同じ）さんが生活している。この当時すでにハタ氏は徐福一行だと考えられていたことがわかる。『史記』は古代から日本人の教養の書として読まれ、古くから徐福の名は日本人の間でも知られていたはずで、同じ渡来人の秦氏と徐福が結びつき伝説が生じるのは自然ななりゆきだ。（秦氏については第6章参照）

　なお富士山の羽田氏については、地元の羽田武栄氏が、『真説・徐福伝説』（2000年　三五館）の中で論じており、「富士山の秦氏(羽田氏)と徐福とは渡来の時期が異なるので、歴史的には結びつかない」としている。

『日本刀歌』－漢詩に登場する徐福－

　中国北宋時代の高級官僚であり、詩人であった欧陽修の日本の文化をテーマとした詩「日本刀歌」に徐福が登場する。この中で「徐福がかって連れて行った百工の子孫が優れた技術で日本刀などを作った」と記し、徐福が日本に渡った時代が焚書坑儒以前であったため、日本には徐福が持っていった、中国で失われた「逸書百篇」が残っている、としている。中国で失われた書が日本にあったことは史実のようで、中国の研究者も具体的な書名を示して紹介し、その重要性を指摘している。時代的に徐福の時代ではなく、その後に日本に来たものだが『日本刀歌』は徐福を象徴として、日中の書物を通しての文化交流を示すものだ。

（参考文献：王瑞来『東洋文化研究11号』「礼失われて諸を野に求む」2009年）

『神皇正統記』－日本の歴史書に登場する徐福

　徐福が日本に来たとする初めての歴史書は、1339年南北朝時代の南朝方の公家の北畠親房によって書かれた『神皇正統記』だ。この歴史書

は南朝の正当性を主張するもので、ここには徐福は直接登場しないが、孝霊天皇が始皇帝から焚書前の文献をもらった話が出てくる。

『神皇正統記』 「第七代孝霊天皇の項」の中国関係概要
・孝霊天皇の時代、周が滅んで秦の時代となった。始皇帝は不老不死の薬を日本に求めた。
・日本から中国に古典の書を求め、始皇帝はことごとく日本に送った。
・その後始皇帝は焚書を行い儒学を弾圧したが、孔子の全書は日本に残った。
・世が乱れ孔子は「九夷に住みたい」と言った。日本は九夷の一つの東夷であり、中国周辺で東国だけが仁徳があり長寿の国であった。
（今谷明『現代語訳神皇正統記』新人物文庫を要約）

　始皇帝は自国では弾圧した孔子の書を、なぜ日本に送るのかなど突っ込みどころはあるが、それはさておきこの文は前述の欧陽修の漢詩が元ネタだ。なお孝霊天皇は存在が疑問視されている「欠史8代」の天皇の一人であるが、この書以降、「徐福が来たのは孝霊天皇の時代である」は歴史とされ、その後多くの日本の徐福文献に採用されている。

　この中で注目したいのは、日本という国の国際的立ち位置だ。『神皇正統記』では、日本は中国周辺の中でも野蛮な国ではなく仁徳がある国としているが、中国をしのぐ立ち位置ではない。しかし江戸時代中期の国学者である平田篤胤は、日本の古代文明は中国よりも優れている、と飛躍させる。両者とも皇国史観で歴史を語っているが、時代の進展に伴う皇国史観の内容の変化が見られる。

拡大、多様化する江戸時代の徐福伝説

　江戸時代になると、全国各地に爆発的に徐福伝説が生まれ広まる。こ

れについては、香港中文大学日本研究学系の呉偉明氏の論文『アジア遊学(182)東アジアにおける旅の表象』(2015年 勉誠出版)に掲載されているが、概要は以下のとおり。

・平安時代後半以降に、徐福の日本渡来伝説が出現した。
・江戸時代以前の徐福伝承地は、富士山、熊野、熱田神宮の三か所。
・江戸時代は徐福伝説発生の全盛期。この時代に学者が興味を持つ理由として次の3つがある。

 ⅰ 徳川時代は中国の書物が大量に輸入され、日中の文化交流が盛んになり、また出版業が盛んになるなど日本思想研究が流行した。

 ⅱ 徳川時代は歴史の研究が盛んであり、幕府、藩、個人が歴史の編纂に熱心であった。

 ⅲ 徳川時代は書物の売上向上のために、源義経の中国逃亡、楊貴妃の来日など、多くの歴史が偽造され、物語が創作された。

・中世からあった徐福富士山説と熊野説は、さらに具体的な徐福の行動が語られるようになった。しかし熱田説は江戸時代での発展が限られている。
・江戸時代、徐福の遺跡があると言われた地方は20か所あった。
・江戸時代、地方の大名や役人の支持により各地に徐福ブームが起こり、それが旅行を促進した。その他、神道家、仏教徒、作家、一般庶民が徐福伝説を好んだ。これは江戸時代、日本における中国文化の影響が強かったので、各層の日本人が中国文化に深い関心を持ったからである。徐福伝説と民間の伝承が融合し、中国文化が徳川時代の日本において普及していく過程で、伝説の現地化が見られる。

江戸時代における徐福伝説への様々な見解

 上記の呉偉明氏の論文や平田篤胤の著作から、徐福伝説に関する考えは次の三つに分類される。

① 中国文化の伝播者としての徐福　-朱子学者の見解-

　　古代中国の文化を徐福が日本にもたらし、日中文化の架け橋である
とする考えは徐福伝説の主流の考えで、日本の各地の徐福伝説に現れ
る。幕府おかかえの朱子学者林羅山を始め、松下見林、新井白石は徐
福を高く評価しており、徐福伝説の土台が形づけられた。

　　『史記』の記述に「徐福が五穀の種と百工」を携え、出航して戻ら
なかった」とあるが、後世それが稲作などの日本に先進文明をもたら
した、という解釈となった。さらに前述のとおり、宋代の欧陽修の詩
「日本刀」で、「徐福は焚書前の中国の書物を日本に持ち込んだ」と
しているが、これも歴史的事実として解釈され、江戸時代の朝鮮通信
使と日本の文化人との交流の話題にされている。

② 政治難民としての徐福　-平田篤胤の見解-

　　徳川時代後半の国学者平田篤胤は、徐福が中国の文化を伝えたこと
を強く否定している。平田は『神字日文伝』、『三神山余考』、『黄帝伝
記』で徐福について記しているが、徐福が日本に来たとしてもすぐに
死んだ、徐福は中国の書物を日本に持ち込んでいない、徐福の子孫が
秦氏を名乗ったというのはうそだなど、徐福の実績とされていること
をことごとく否定している。また『史記』の記述にある徐福が会った
海神は、実は日本の神様だ、など日本の中国に対する優位性を主張し
ている。

　　平田は、国学の創始者とされる本居宣長の弟子を自称しているが、
本居が中国文化を否定したわけではないのに対し、平田は「日本は古
来から中国をしのぐ文化があり、古代日本人が中国人に文化を伝えた」
とするなど、本居宣長とは異質なものとされている。平田の言説は明
治時代に書かれた偽書『宮下文書』にも引き継がれているが、これに
ついては第7章で改めて考察する。

③ 徐福伝説の真実性を否定

　　徐福伝説はこじつけやねつ造であり、歴史的な信憑性がないとする見解である。江戸時代に徐福ブームが起きたとは言え、多くの学者は徐福の渡来に無関心であったり懐疑的であった。貝原益軒は、『養生訓』で有名な福岡藩の儒者であるが、福岡県筑紫野市にある徐福が船を繋いだとされる「童男卯女岩」の伝説を紹介し、これはこじつけだろうとしている。伝説と文化を大切にしながらも歴史とは一線を引く考えは、現代の徐福研究に通じる。

　　また大阪の商人でありながら地動説の紹介や、日本の神話を否定するなど先進的な学者であった山片蟠桃は、徐福が日本に来たとの説はみな妄想であるとし、「（義楚六帖に出てくる）日本の僧が、中国で話したこと自体も本当かどうかわからない」としている。

　　以上、江戸時代の三つの考えを整理したが、現代でも形は変わるが徐福に関する見方は様々ある。これについては第2章で考察する。

第1章 まとめ

・司馬遷の『史記』は、当時の歴史資料として高い評価を受けている。しかし『史記』の中では、歴史としての徐福はほとんど描かれていない。

・『史記』の「徐福は平原広沢を得て止まり王となって帰ってこなかった」は、他人の口から出た話の記述であり歴史としての記述ではないが、この文が徐福伝説の基本となっている。

・その後、多くの徐福文献が表れ、それぞれ文化史の資料として貴重なものだが、歴史資料とするには無理がある。

・江戸時代には様々な徐福論議が行われ、また徐福伝説も各地で広まった。

第2章　様々な徐福群像
ーどのような観点で人々は徐福に集まるのか？ー

1　歴史としての徐福研究

徐福は歴史研究の対象になり得るか？

　徐福を研究する人たちは様々な立場、観点がある。歴史上の人物、例えば徳川家康研究であれば「歴史研究」ということになる。一方歴史上の存在が疑問視されている神武天皇の研究は、神武天皇の実在を求める「歴史研究」と、神武天皇は実在しないがなぜこのような神話が書かれたかの研究となり、方向は全く異なる。さらに実在しない河童の研究は歴史研究にはなりえず、民俗学などからの研究となる。

　徐福の場合は司馬遷の『史記』に登場し、方士徐福が秦の始皇帝に不老不死の霊薬を取りに行くこと上奏したことは史実と考えられる。しかし『史記』での徐福に関する記述はわずかで、さらに徐福が日本に来たことについては、歴史研究として使える資料がないため、日本では歴史としての徐福を組み立てることはできない。

　そうは言っても徐福の時代の渡来人は、歴史好きにとっては興味の対象だ。佐賀県徐福会では吉野ヶ里遺跡との関連で、学術的に渡来人の研究を行い「徐福」という固有名詞は現れないにしても、古代人の渡来、稲作等の大陸からの文明伝播等の研究を行っている。

　一方一部の古代史愛好家は、徐福を日本の神々、神武などの古代天皇などと組み合わせ「歴史」を創造しているが、実在が確認できない神や人物を組み合わせてもますます歴史から遠ざかることとなる。

伝説は歴史を語るのか？

　2016年発行のある徐福本には、「中国、韓国、日本には徐福伝説が多数散在しており、徐福の歴史的実在性は疑えないものになってきている」とある。伝説が史実を反映することはありうることだが、歴史研究としての検証を行わず、単に伝説の数が多いから史実だとはとても言えるものではない。ましてや徐福伝説の多くは江戸時代に創作されたもので、伝説を根拠に紀元前の歴史を解明するのは無理がある。

　例えば源義経は衣川では死んでおらず、奥州からさらに北方へ逃げたという伝説があり、さらには中国大陸に渡ってモンゴルのジンギスカンになったという説まである。義経が通ったとされる経路には現在も点々と義経神社や伝説が残されており、筆者も岩手県に旅行した時に研究者から熱い説明を受けたことがある。これだけの多くの言い伝えや史蹟があれば史実だろうと考える人も多い。しかし歴史学者の古座勇一氏が語ったのは、首実検の記録など当時の資料から義経の死は歴史的事実として確認できるということだ。その時代の文献が残る歴史は、史実と異なることを言っても誤りであることが指摘できるのだが、徐福という紀元前の出来事は誤りだと指摘できる資料もない。そのため徐福は一部の古代史ファンに活躍の場を提供している。

なぜ歴史学者は徐福を研究しないのか？

　一部の古代史研究家は、「学術者が徐福を研究しないのは、史実が明らかにされることを恐れているからだ」としている。しかし研究しない理由は単純なことで、徐福に関する文献資料、考古学資料がないので研究のしようがないからだ。第一章で示した徐福に関する唯一の歴史文献である『史記』には、徐福の具体的な行動は記載されておらず、ましてやその後の徐福来日の文献は、徐福の時代から大きく隔たっており、歴史資料として耐えられるものではない。徐福が来たと主張す

る歴史愛好家も、近年はさすがに徐福来日を断言する者は少なくなり「仮説」だというが、仮説であっても根拠が必要だ。筆者はある古代史研究家から、「常識は正しくない、コペルニクスを見ろ」といわれたことがあるが、コペルニクスが常識を覆したのは、詳細な観察と計算を行って導き出されたものだ。歴史学の常識は近年もつぎつぎと覆され、昔学校で習った歴史は通用しなくなったが、それは新たな文献資料の発見や考古学の成果によるものであり、怪しげな古文書や個人の思いつきからなされたものではない。

徐福は弥生文化を始めたのか？

　徐福の時代は紀元前 3 世紀である。数十年前学校で教えた歴史では、弥生時代の始まりは同じ紀元前 3 世紀で徐福の時代と一致している。『史記』には徐福の移民を想像させる記事があり、徐福が稲作を伝え弥生時代が始まったと考えるのは自然かも知れない。しかし弥生時代がいつ始まったかについては、近年の研究で大きく動いている。国立歴史民俗博物館は炭素14年代測定法を用いて調査したところ、弥生時代の始まりを紀元前10世紀ごろと発表した。この測定法は正確ではないとする異論もあるが、いずれにしても現在の考古学では、紀元前 3 世紀が弥生時代の始まりと主張する学術研究者は見当たらず、時代的に「徐福が稲作を伝え、縄文時代を終わらせた」は成り立たない。もっとも、大陸からの渡来人は弥生初期だけでなく、長い時間をかけているので、その一人に徐福が含まれていた可能性はゼロではないが、渡来人の固有名詞は確認のしようがない。やはり「徐福は渡来人の象徴」に止めておくべきだろう。

徐福が秦の半両銭を持ち込んだのか？

　三重県熊野市波田須に徐福を祀った「徐福の宮」があるが、前面の

工事中の道路から、古代中国の貨幣である半両銭が7枚発見された。半両銭は中国の秦から前漢の時代に使用され、日本では熊野市以外にも数カ所から見つかっている。波田須の半両銭は、中国で本物であることが確認されたとのことで、これが徐福がこの地に来たことの有力な証拠とする意見もある。しかし考古学の埋蔵文化財調査は、見つかったものをすぐに拾い上げるのではなく、どの時代の地層から、どのように埋蔵されていたかを周辺の状況を含めて調査し、記録を残すものである。残念なことに、この半両銭は考古学的調査に伴って発見されたものではなく、埋蔵された時代はわからない。

　半両銭は現在でも収集用として多量に流通しており、コイン商から比較的安価に手に入れることができる。そのため近代になってから、誰かが徐福宮に奉納した可能性も考えられる。徐福の時代ものであることを確かめたいのであれば、埋蔵文化財としての調査を行い、弥生時代の地層の建造物跡や埋蔵品を確認する必要がある。これにより半両銭が発見されるようなことがあれば、徐福が来たことの証明にはならないにしても、この時代に大陸との交流があった可能性が出てくる。いずれにしても今の段階で「徐福が来た証拠」にはほど遠い。

神武天皇は徐福なのか？

　一部の徐福研究者は、神武天皇は実は徐福であるとしている。日本書紀によると、神武天皇は九州から熊野の現新宮市を経由して大和に攻め上った。この九州と熊野に濃厚な徐福伝説があり、伝説のいくつかに徐福は九州から紀伊半島へ行ったとされ、神武天皇のルートと重なることから、この神武天皇徐福説が生まれた。

　神武天皇徐福説を唱えたのは故・衛挺生氏だ。彼は中華民国時代の河北省出身の経済学者で、中国革命後は台湾・香港・米国などを活動

拠点としている。1977年『神武天皇＝徐福伝説の謎』（新人物往来社）を著し、その中に日本の歴史研究者とのやりとりを加えている。驚くことにその歴史学者とは家永三郎、津田左右吉両氏の一流の歴史学者だ。衛挺生氏は学術的な研究手法を用いず、本来ならば学術研究者が対応するような相手ではない。特に家永氏はその後も衛挺生氏と丁寧に手紙をやりとりし、それがこの本に載っている。内容は現代でも見られる「想像する歴史」と、「学術的手法の歴史」の違いで議論は噛み合わない。しかし両者の意見の違いを見ることにより、「歴史研究とは何か？」を改めて考えさせられる。

　「神武天皇説」が問題なのは、単に歴史的な根拠がないというだけでない。神武天皇が日本人ならば神武東征は内戦であるが、神武が徐福ならばヤマトと中国からの侵略者との戦争である。戦前の日本では「古代、日本はアジアの盟主だった」とする歴史の捏造が行われていたが、「神武天皇説」はその裏返しで、中国の周辺国の支配を正当化するものだ。どちらの主張も史実でないだけでなく、アジアの平和に害毒を及ぼす。津田左右吉氏は、「馬鹿げた荒唐無稽な本だ。中国人の従来の思想によると、周囲各国の建国者はみんな中国人である。これもこんな思想の表れにすぎない」と反論している。2017年中国連雲港市で開催された徐福国際シンポジウムで、中国の歴史学者も「徐福-神武天皇説」を批判していた。日本でも徐福神武天皇説を支持するまともな徐福研究者はいない。そもそも徐福も神武天皇も日本での実在が確認されておらず、議論にもならない。

佐賀県徐福会の取り組み
　考古学では、古代の渡来人は人骨や稲の品種から朝鮮半島だけでなく、中国大陸からも直接渡来したとの研究が進んでいる。このような渡来人の研究と徐福を関連づけたのが佐賀県徐福会だ。

佐賀県は吉野ヶ里遺跡を抱えるとともに徐福伝説の濃厚な土地だ。佐賀県徐福会は何回か国際シンポジウムを開催しており、2013年3月に佐賀市で開催されたシンポジウムには、松下孝幸氏（土

佐賀新聞（2008年10月9日）

井ヶ浜遺跡人類学ミュージアム名誉館長）、七田忠昭氏（元吉野ヶ里遺跡発掘リーダー）、和佐野喜久生氏（元佐賀大学農学部教授）などの考古学者、農学者が講師となり、渡来人の頭蓋骨の形状が中国大陸の山東省の形状と似ていること、吉野ヶ里遺跡の城郭構造が中国のものと似ており、青銅器などの出土品が中国製が多いことなどが語られた。

　一部の古代史愛好家は、あたかもこれが徐福来日の有力な根拠であるかのように言っているが、シンポジウムに参加した学者先生方は、「だから徐福が日本に来た」などとは一言も言っておらず、「徐福に象徴される中国からの渡来人の研究」ということになる。主催者のあいさつで語られたように、「徐福が来たという確たる証拠はない」のである。

　しかし「徐福の歴史研究は成立しない」と言われても、徐福に関わる者はだれも「この時代の渡来人の歴史はどうなのか」という興味を持っている。渡来人に関連付けた歴史を学術的に探求している徐福会は佐賀県徐福会だけなので、今後も期待したい。

2　郷土史家・在野研究者の徐福研究

多彩な郷土史家

　郷土史研究家は、徐福研究の中核をなすものだ。彼らは時間をかけて徐福の伝説の調査・研究を行い、その成果は徐福研究の基礎資料として貴重なものだ。また各地で徐福会を組織し行政と協力して徐福イベントを開催し、人によっては私財を投じて徐福像や石碑を建設するなど、徐福伝説を具現化して後世に残そうとしている。これらの建造物は、各地の徐福文化のシンボルとしてとなっている。

　郷土史研究者の中には、福岡県八女市の学芸員であった赤崎敏男氏や、青森県小泊の太宰ミュージアム館長であった柳澤良知氏のように、学術的にも優れた研究者もいる。しかし郷土史家が独自に本にまとめて出版する例は少ないので、一般の目に触れにくい。

　各地の郷土史家による徐福伝説の研究成果は、2005年発行の『徐福さん』にまとめられている。本書は、大阪の徐福研究者である鳥居貞義氏が各地の研究者に執筆を依頼したもで貴重なものだが、市販の書籍としては流通していない。

在野研究者の徐福

　在野研究者とは、大学等の研究機関に所属しない研究者のことをいう。在野というと「素人」のイメージがあるが、元学芸員や元大学教師等も含み立場は様々だ。学術研究者に先駆けて徐福研究を行ったのが郷土史家などの在野の研究者だ。下の表は在野研究者の著書を発行年順に紹介したものだが、この他書籍出版には至っていない多くの研究成果がある。

なお在野の徐福研究の中にはオカルト的なものも多いが、これらの著作は除いた。（オカルト徐福に関しては第6章、第7章で考察した）

研究者	略　歴	著　作
山本紀綱 （故人）	1904年生まれ　上海東亜同文書院卒満鉄、満州政府、戦後中国国民政府留用、国家公務員	『徐福 東来伝説考』（1975年）　謙光社
奥野利雄 （故人）	1911年　和歌山県勝浦町生まれ 日大文学部史学科卒　新宮市歴史民俗資料館長	『ロマンの人・徐福』（1991年）学研 奥野図書
壱岐一郎	1931年東京生まれ　東北大学法学部卒 九州朝日放送、北京放送日本語部、沖縄大学等で教鞭	『徐福集団渡来と古代日本』（1996年）三一書房
土橋　寿 （ひさし）	1932年生まれ。小学校校長、チリ国の日本人学校長、帝京学園大短期大教授など教壇歴53年。童話『鶴になった徐福』、等徐福関係著作多数	『歴史読本43巻9号』「日中徐福研究の現在」（1998年）新人物往来社
羽田武栄 （故人）	1925年富士吉田生まれ　東北大学化学工業科卒	『徐福伝説』　2000年　三五館　（羽田・広岡 共著）
広岡　純	1943年　中国吉林省生まれ　早稲田大学卒　学習研究社で中国室長等	
池上正治	1946年　新潟県生まれ　東京外国語大学中国科卒作家・翻訳家。訳書として『徐福と始皇帝』（1997年）、『徐福 霧のかなたへ』（2000年）。	『徐福―日中韓をむすんだ幻のエリート集団―』 2007年　原書房

・この他2005年、各地の徐福研究者の執筆による『徐福さん』が、　鳥居貞義氏の編集により発行されたが、流通書籍ではない。

徐福行事と地元研究者

　徐福伝承を有するいくつかの市町では、地元の徐福研究者と協力して定期的に徐福祭りなどの行事を開催している。内容は自治体により様々であるが、伝統的な宗教行事に併せて、市民のためのイベントの開催等を行っている。定期的に行事を行っているのは西から①佐賀県佐賀市、②福岡県八女市、③鹿児島県いちき串木野市、④和歌山県新宮市、⑤青森県中泊町の五市町だ。各地の定例行事の概要は第3章（P78)に記載した。

　この他不定期であるが各地の徐福会が市町村の支援の基に徐福フォ

ーラムなどを開催しており、中国や韓国の研究者を招待した国際会議の形をとる場合もある。佐賀県徐福会が何回か国際会議を開催し、また新宮徐福協会は毎年盆の時期に、中国韓国の客人を招待して徐福供養や花火大会などのイベントを開催している。そのほか2016年には富士山徐福学会（山梨県富士吉田市）が国際会議を開催し、2018年には丹後徐福研究会（京都府与謝野町）でも中国の客人を招いてイベントを開催した。

市町村と徐福

　市町村が徐福と関わるのは歴史の探求という意味合いはなく、「河童祭り」や「戦国武将祭り」などと同じように街おこしの立場からだ。このような立ち位置は各地の徐福研究者も心得ており、「徐福文化」を盛り上げるために協力している。行政側でも徐福を扱う部署は歴史を担当する教育委員会ではなく観光部門だ。

　徐福ではないが、行政が村発行の村史に偽史を掲載して問題になったことがある。津軽地方の古代史を描いた偽史『東日流外三郡誌』を市浦村（現五所川原市の一部）発行の『村史資料編』に掲載された。この事例は、斉藤光政『偽書「東日流外三郡誌」事件』（新人物往来社 2009年）に詳しく報告されている。行政が偽史を公史に掲載するなど、あってはならないことだ。山梨県富士吉田市にも徐福が書いたとされる似たような偽書『宮下文書』がある。（第7章参照）　内容は富士山麓に神々や天皇が住む帝都があり、そこで歴史が展開されるという、まさにオカルトそのものだ。しかし地元の富士吉田市と市民は『宮下文書』に関わりを持たず、宮下文書の信奉者はほとんど外部の人間だ。

3 学術研究としての徐福研究

民俗学の徐福研究

　日本で学術研究として徐福研究を行っているのは、民俗学の立場からだ。「民俗学」という学問は学校で学ぶわけでなく、我々素人にとってはなじみが薄い。筆者も民俗学と聞いても、柳田国男の河童や座敷わらしの話ぐらいしか思い浮かばなかった。「民俗学」をデジタル大辞泉で調べてみると、つぎのように書かれている。「民間伝承の調査を通して、主として一般庶民の生活・文化の発展の歴史を研究する学問。英国に起こり、日本では柳田国男・折口信夫らにより体系づけられた」他の解説書を読むと、「近代社会の怪しげな領域」「近代合理主義とは異なる次元で展開する知識や表現」などとある。確かに河童や徐福は怪しげな領域であり、近代合理主義とは異なる次元だ。素人にとってはこれが一番分かりやすい説明だ。

　「一般庶民の生活・文化の発展の歴史を研究する学問」であるということは、歴史として徐福が来たかどうかではなく、一般庶民と伝説との関わり中での研究ということになる。また、歴史研究としての徐福は古代が対象であるが、民俗学の時代対象は、徐福伝説が形成された中世、近世だけでなく、伝説が変化し新たな徐福伝説が生まれ、さらに徐福の行事が継続し創作されている現代までもが対象となる。

○民俗学者・逵志保氏

　学術研究としての徐福伝説研究者は、民俗学者の現在愛知県立大学講師の逵志保氏（写真2）だ

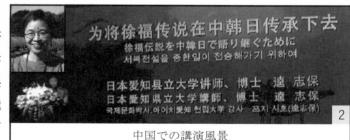

中国での講演風景

けだ。彼女は愛知県立大学大学院で博士号を得るなど、日本で初めて民俗学として徐福研究を切り開いた。現在も日本の徐福研究の中心的存在となっているだけでなく、中国、韓国の徐福団体の顧問を務めるなど、国際交流に貢献している。

・愛知県立大学大学院国際文化研究科博士課程修了。博士(国際文化)
・愛知県立大学・中京大学・愛知淑徳大学非常勤講師。
・国内：八女徐福会顧問、熊野市観光大使、筑紫徐福会顧問、京都・青島徐福文化伝承友好協会顧問
・国外：琅琊及徐福研究会特約研究員（中国山東省）中国蘇州市徐福研究会顧問、中国連雲港市徐福研究所特約研究員
　　　　韓国済州徐福文化国際交流協会諮問委員、韓国巨済徐福会研究顧問
・著書：『徐福伝説考』（1991年 一季出版）、『徐福論』（2004年 新典社）　（著書の内容は、第３章57ページ参照）

○民俗学者・華雪梅氏

2019年、神奈川大学院の中国人留学生である華雪梅さん(写真3)が徐福研究で博士号を取得し、日本で二人目の徐福博士が誕生した。博士論文を基に著した『徐福伝説と民俗文化』（2021年風響社）も出版された。彼女は、1990年中国山東省生まれで、中国で日中交流史などを学んだ後来日して神奈川大学歴史民俗資料学研究科に入学し、2019年博士号を取得した。現在は中国で江蘇理工学院外国語学院の講師となっている。

ところで民俗学を学べる大学自体多くはなく、それぞれ独自の歴史を有している。神奈川大学は付属機関として「日本常民文化研究所」を有しているが、これは渋沢栄一の孫である渋沢敬三が1921年に創立したものだ。渋沢敬三は日銀総裁

新宮市徐福墓の調査

まで務めた実業家であるが、同時に柳田国男と交流があり、民俗学の研究を行った。（神奈川大学ＨＰより）

　外国人でありながら日本文化を研究するのは非常に困難があっただろう。今回の博士号取得と本の出版が出版できたのは、当人の力量であるが、同時に本人も書いているように、指導教官であった小熊誠先生(現学長) を初め神奈川大学のスタッフの援助が大きかった。また新宮、佐賀、青森県中泊などの日本各地の徐福研究者がフィールドワーク（現地調査）に案内するなどの協力を行った。その意味で本書の出版は、日中文化交流の成果とも言える。

日本文化史としての徐福研究

　民俗学者以外の徐福の学術研究は筆者の知る限り、香港中文大学日本研究学系の呉偉明氏の日本文化史としての研究だけだ。雑誌『アジア遊学　2015年4月』（勉誠出版）に「江戸時代における徐福伝説の文献分析」が掲載されている。呉氏は江戸時代に盛んとなる徐福の伝説を通じて、中国文化が江戸時代の日本にどのように受け入れられ変化したかを考察している。（呉偉明氏の研究内容は、第一章（P34)参照）

　しかし日本国内では文化史としての徐福の学術研究が見当たらず、唯一民俗学者として逵志保氏がいるだけでさびしいことだ。学者はオカルト色が強いとして徐福に手を出さないのだろうか？

４　歴史ロマンとしての徐福

映像・演劇・劇画・小説などに描かれる徐福

　徐福は基本的には地方の伝説であるが、中国から日本に渡ってきた

という壮大な物語にロマンを感じ、徐福ファ
ンになる場合もある。その種類は映画、歌劇、
劇画、小説など多岐に渡り、最近は若者向け
のゲームにも徐福が登場している。このよう
な徐福ファンは、「真実を反映してるかも知
れない」と思う人もいるが、史実と異なると
を承知の上で物語を楽しんでいる方もいる。
これは戦国武将などの歴史ファンと同じだ。

①歌劇

① 徐福の歌劇（写真４）

　　歌劇では1997年11月、日中友好日中国交正常化25周年を記念して
北京で日中合作歌劇「蓬莱の国・徐福伝説」が上演された。日本で
は翌1998年から、平山郁夫氏、衆議院議員の土井たか子氏、元総理
の羽田孜氏が実行委員として各地で上演され、2002年まで続いた。

② 徐福の映画-1　　（「徐福さん」　2003年）　（写真５）

　　日中国交正常化30周年を記念して製作された作品。約2200年前、
中国から日本へ渡来
した徐福の伝説を通
して、日本と中国の
中学生の間に芽生え
た友情を描くドキュ
メンタリードラマ。
監督は、元東映監督
の岡本明久氏で、彼
自身熱心な徐福ファ
ンでありこの映画に
情熱を注いだ。

②映画-1

③映画-2

③ 徐福の映画-2 （「永遠の命を探して　徐福」　2019年）（写真６）

　　板野友美、黄礼格主演の映画が制作され、徐福の子孫たちが、その足跡をたどる旅を描いたドラマ。なおこの映画に対しては、日本徐福協会も情報提供等の協力を行った。

④ 徐福の映画-3 　（「ソボク」2021年　韓国）

（写真７）

④映画-3

　　「ソボク」とは「徐福」の韓国語の発音であり、これが徐福であるとは日本人は気がつかないだろう。内容は徐福にヒントを得て、永遠の命をもつクローンの青年の活躍を描くSF映画。

⑤ 徐福のマンガ-1 　（『こううんりゅうすい〈徐福〉』　2017年〜　（写真８）

　　本宮ひろ志氏による漫画で、『グランドジャンプ』（集英社）に、2017年から連載された。徐福が秦の始皇帝の命で不老不死の仙薬を探すため日本に渡ったが、自らが不老不死の力を得て、日本や世界の歴史に登場する。子孫である織田信長が、特殊能力を身につけて現代に登場する。

⑤マンガ-1

⑥ 徐福のマンガ-2（『徐福伝説』1979年　諸星大二郎　画　集英社）　（写真９）

⑥マンガ-2

　40年以上も前のマンガで、主人公は徐福に連れて行かれた童男童女（少年少女）だ。徐福は反抗する子どもにむち打ちの虐待を行うなど、悪人として描かれている。

　童男童女が連れ去られ親が嘆き悲しむ伝説が、中国の河北省の千童鎮に残る。ここでは60年に一回「信子節」（子どもの無事を信じる祭り）が開催され、子どもが帰ってくるのを待ち望む。（参考文献：池上正治『徐福』）

　『史記』の「淮南衡山列伝」には、子ども達を失った住民が反乱をおこしたことが記されており（第1章P24）　千童鎮の「悲しみの伝説」は妙にリアリティーを感じる。このように視点を変えると別の徐福が見えてくる。

⑦　**徐福のゲーム**　（Fate/Grand Order-YouTube）（写真10）

　最近は若者向けのゲームにも徐福が登場している。写真は敵と戦う徐福であるが、戦いのときに「是なるは不老不死の霊薬なり」と言って、最後に〈嘘〉（うそですけど）と付け加えているのが面白い。

⑦　ゲーム

　④、⑤の映画や漫画は、徐福を題材としたSF物であり、⑥はゲームのキャラクターだ。これらは伝統的な徐福伝説を逸脱しているが、これも現代の新たな徐福文化だ。特に現代の若者はゲームが日常の一部となっており、これにより徐福の名が広められることを期待したい。

歴史とロマン

　デジタル大辞典によると、「ロマン」の意味の一つとして「夢や冒険などへの強いあこがれをもつこと」とある。映画、マンガ、小説などの「歴史ロマン」は歴史を題材としているが史実ではない。しかしロマンと歴史の線引きが怪しくなっている出版物等も見られる。『マンガ　日本の歴史がわかる本』（三笠書房2023年1月）の「第1章　縄文から弥生時代へ」は、徐福が日本に稲作や製鉄を伝えたとしている。「まえがき」では、「歴史をロマンにとどめてはならない」とし、最後に「縄文時代後期、大陸から日本に渡ってきた徐福。だがこの時期、大陸から日本各地に多数の"徐福"が移り住んで、稲作や鉄器といった文化を伝えた。こうして時代は縄文時代から弥生時代へと移る」と書かれている。「多数の"徐福"」の文から「徐福は渡来人の象徴」とも読み取れるが、子どもの読者にとっては歴史として理解される文章だ。しかも紀元前3世紀に弥生時代が始まるというのは数十年前の説で、現在の学識者の説では、徐福の時代の紀元前3世紀には、西日本はすでに弥生時代に入っていたとされている。（第2章P39参照）

　歴史学者の呉座勇一氏は、「歴史にロマンを求める気持ちは、真実を追究する上で邪魔なる。いかに身も蓋もない退屈な話になろうとも、最も確からしい解釈を選ぶのが歴史学だからである。」（2019年4月朝日新聞「歴史学にロマンはいらない」）としている。戦国時代のドラマでも、同じく呉座勇一氏の『戦国武将、虚像と実像』（2022年）では、戦国大名のキャラクターは創作されたものであり、また時代と共に変遷していくものであることを指摘している。徐福に関しては日本では文献がない時代なので、歴史としての徐福は存在せず「創られたロマン」のみが存在する。徐福の話は史実ではなく象徴として描いたことを、子どもにもわかるように明確に示すべきだろう。

第２章 まとめ

・徐福研究は一様ではなく様々な視点がある。

・多くの人は徐福が日本に来たかどうかの興味を持つが、歴史として研究する材料がないので歴史研究として成り立たない。

・徐福の学術研究は民俗学、文化史等があるが研究者は少ない。

・徐福研究の中核は郷土史家であり、徐福研究を先駆けてきた。

・郷土史家は研究だけでなく、市町村と共同で徐福祭りのようなイベントを開催して徐福文化を盛り上げている。

・徐福の壮大な物語にロマンを感じる人もあり、映画・演劇・小説などの題材とされ、徐福の名は徐々に浸透している。

・徐福のロマンは歴史ではなく文化であるが、これを史実とする教育出版物もあり問題がある。

徐福は始皇帝に謁見し、不老不死の霊薬を求めに行くことを上奏
（中国慈渓市徐福研究会発行『徐福東渡的故事』より）

第3章　日本各地の徐福文化
- 多様な日本の徐福文化 -

1　徐福文化の概要

徐福文化とは

　「徐福研究」と聞くと、多くの人は徐福が日本に来たかどうかなどの歴史研究を思い浮かぶ。しかし全国の徐福伝承地で組織されている日本徐福協会は、徐福伝説などを文化として捉え、会の目的の一つに「徐福文化の発展を目指す」としている。徐福文化とは、徐福伝説、徐福の墓、古文書、絵画、神仏像などの古い時代のものだけでなく、現在行われている祭祀や祭りなどの行事を広く含む概念だ。また近年徐福を題材とした映画、漫画、デジタルゲームが制作され、また各地徐福伝説と関連付けたイベントや菓子、グッズの製造販売等が行われているが、これらも現代の徐福文化と言える。

　この徐福文化の中でも日本各地の徐福伝説は徐福研究の中核であり、本来徐福の解説本であるならば、この章が中心となる。しかし徐福文化に関しては地元の郷土史家や学術研究者などの高レベルな研究成果がある。そのため本書では入門書として、写真を多用して各地の徐福文化の要点を紹介し、徐福となじみがない方でも「文化としての徐福」がイメージできることを心がけた。また国内の徐福文化の一覧を示し、それぞれの伝説の根拠となる文献資料も付したので、さらに研究したい方は原書を入手するなどして、役立てていただきたい。

徐福文化の種類

① 徐福伝説

　　徐福伝説は徐福文化の中核となる。「伝説」と聞くと文章化されていない物語がイメージされるが、現代では市町村の出版物などに何らかの形で文章化されている。また寺社の由緒書きなども伝説の一種といえる。古くから徐福は歴史書や漢詩などの文学作品などに現れ（第1章参照）、江戸時代になると寺社の由緒書きなどに登場し、また徐福の墓や祠が建てられ、そこからまた多くの徐福伝説が発生したと考えられる。例えば佐賀市の金立神社には江戸時代初期の徐福絵があり、中世から徐福が祀られていたと考えられるが、地元の徐福研究者の論文では、徐福の行動を示す「お辰さん伝説」などの発生は近年のもとだとしている。また福岡県八女市の徐福伝説は江戸時代に確認できるが、難破した徐福を助けた話は戦後に創作されたものだ。徐福伝説を見るとある時代に伝説が生まれ、それが時代と共に発展、変化していく姿が見えてくる。新しい時代の伝説であっても、それぞれがその時代を反映する文化だ。

② 徐福像

　　神社や寺に、徐福ではないかと言われる像がいくつか見られる。元々は徐福とは関係ない神像や僧侶像が、ある時代から徐福像だとされる場合もありうるだろうが、それもまた「徐福文化」と言える。

　　また近年、佐賀、八女、串木野、新宮、富士吉田、小泊などで、自治体や地元の有志が徐福の石像や石碑を建立する例もあり、建立課程でさまざまな人間ドラマがある。これもまた現代の徐福文化だ。

③ 徐福の墓

　　新宮市の徐福の墓は有名だが、この他富士吉田市、熊野市にもあり、男鹿半島にも徐福の墓とされる徐福塚がある。どこが本当の徐福の墓かの議論があり、「徐福のお骨を分骨した」などの解釈もある。

しかし日本ではお骨がなくとも、偉人を顕彰するために建てられる墓もあり、それぞれが本物の徐福の墓と言える。

④　徐福信仰

　　徐福が神として祀られているのは、佐賀市の金立神社、新宮市の阿須賀神社境内にある徐福之宮、三重県熊野市の徐福の宮があり、京都府伊根街の新井崎神社は、童男童女を祀っている。青森県中泊町小泊の尾崎神社には、徐福像が秘仏とされている。なお神社に仏が祀られているのは神仏習合の時代のなごりであり、仏教か神道かを線引きする必要はない。

⑤　徐福の定例行事、祭祀活動

　　純粋な宗教活動としては、佐賀市の金立神社例大祭がある。古くから行われている行事で50年に一回開催されており、前回は1980年に開催された。和歌山県新宮市では、1962年から、毎年8月の盆に、「熊野徐福万燈祭」が開催され、徐福の墓の墓前で僧侶による供養が行われる。宗教行事とは別に市民参加の祭りとして、新宮では花火大会が実施され、青森県中泊町、福岡県八女市、鹿児島県いちき串木野市でも市民参加の行事として「徐福祭り」などのイベントが毎年が開催されている。

⑥　徐福が探し求めた霊薬

　　徐福伝承地には、徐福が求めたとされる不老不死の霊薬とされる薬草があり、地元の特産物として街おこしに一役買っている。新宮市には中国原産の薬木「天台烏薬」があり、これが徐福が探し求めた霊薬とされる。1978年、中国の鄧小平氏が来日したとき、「来日の目的の一つは、不老長寿の薬をさがすことだ」と徐福になぞらえ冗談を言った。

　　この他の徐福が求めたとされる霊薬は、青森県中泊町（行者ニンニク、トチバ人参、権現オトギリ草）、東京都八丈島（明日葉）、山梨県富士吉田市（コケモモ）、三重県熊野市（アシタバ、トチバニン

ジン、天台烏薬）、山口県祝島（いわいじま）（コッコー）、京都府伊根町（黒茎の蓬、九節の菖蒲）、佐賀県佐賀市（ふろふき）（寒葵）などがある。

⑦　現代の徐福文化

　　徐福は江戸時代には与謝蕪村や葛飾北斎の絵画に現れ、現代は小説、マンガ、ゲームなどでも徐福が題材とされており、徐福の知名度アップに貢献している。また徐福伝承地では徐福のお菓子、徐福ラーメン、徐福寿司などが名物となっている。これらも現代の徐福文化と言える。

徐福文化を記した書籍

　　地方の徐福文化を記した、民俗学者による3冊と、郷土史研究者による1冊の出版物を以下に紹介する。

①　徐福伝説考（1991年　逵志保著　波乗社）

　　『史記』から始まり、現在に至るまでの徐福伝説を考察しており、「徐福辞典」としても活用ができる。

②　『徐福論』（2004年　逵志保著　新典社）：

　　徐福伝承地としてはマイナーな福岡県八女市と三重県熊野市の伝説にスポットを当て、民俗学者の視点で徐福を巡る人々の「現在も生きている伝説」を生き生きと描いている。また時代と共に変化していく徐福伝説を考察している。

③　『徐福伝説と民俗文化』（2021年　華雪梅著　風響社）

　　司馬遷の『史記』から始まる文献、各地の徐福伝説など、徐福全般を民俗学の立場で調査、研究している。特に和歌山県新宮市、佐賀市、青森県中泊町に関しては詳細に調査研究を行っている。

④　『徐福さん』（2005年　鳥居貞義編集）

　　各地の徐福研究者が、地域の伝説や活動を執筆したもの。次ページ以降の各地の徐福文化紹介で、多くを『徐福さん』を参考とした。（本書は一般に流通する書籍ではない）

2 全国各地の徐福文化

全国の徐福文化分布

図1　徐福文化分布図（丸数字は、「P73 表」に対応）

① 北海道富良野市
② 青森県中泊町
③ 秋田県男鹿市
④ 東京都北区
⑤ 東京都八丈町、青ヶ島村
⑥ 神奈川県藤沢市、秦野市、相模原市
⑦ 山梨県富士吉田市、河口湖町、山中湖村
⑧ 長野県小布施町
⑨ 愛知県豊川市
⑩ 愛知県名古屋市熱田区
⑪ 京都府伊根町、与謝野町
⑫ 三重県熊野市
⑬ 和歌山県新宮市
⑭ 岡山県倉敷市
⑮ 広島県宮島町

⑯ 山口県上関町祝島
⑰ 高知県佐川町
⑱ 福岡県筑紫野市
⑲ 福岡県八女市
⑳ 佐賀県佐賀市、伊万里市、武雄市
㉑ 宮崎県延岡市
㉒ 鹿児島県いちき串木野市

　全国の徐福文化の一覧表は本章の最後（P73～P78）に示したが、その分布は図1のとおり。徐福文化を市町村別で数えると合計28となる。しかしこの中には単に徐福の絵画があるなどの市町まで含めており、28の数全てが徐福伝説というわけではない。また徐福伝説として認定する制度はなく、何を伝説とするかは研究者により異なる。例えば北海道や岡山県では寺社にある神像、仏像が徐福だとする例があるが、学術的な調査を行い、これが徐福像として作られたと判定したわけではない。しかし前述のとおりそれが徐福だと理解されることも一つの徐福文化であると考え、数に含めた。

　なお、出雲なども徐福関連地とする著書が数多く発行されているが、これらは古代史愛好家がスサノオは実は徐福だなどとして古代史を組み立てたものであり、地元の伝承と言えないものは除いた。

各地の主な徐福文化の紹介

　以下の丸数字は、分布図(P58)と一覧表（P73～P88）に対応している。しかしここで紹介する地域は、分布図と一覧表で紹介した全ての地域ではないので丸数字に欠番がある。

② 青森県中泊町

　青森県中泊町小泊の尾崎神社に秘仏の徐福象が保管されている。江戸時代は修験道の「飛竜宮」であり、背後の権現崎全体が修験道の聖地であったが、明治の神仏分離令により現在の尾崎神社となった。平安時代、紀州から来た尾崎一族が熊野大権現を祀ったのが始まりで、この秘仏は江戸時代末期の作と言われている。地元では立派な

青森県中泊の徐福象

徐福像（写真1）が建立されている。この像の姿は他の徐福像とは雰囲気が異なるが、青森のねぶた士の設計によるもので、地域の特徴が現れている。（参考文献：柳澤良知『徐福さん』の「小泊の徐福伝説」）

③ 秋田県男鹿市

江戸時代後期の紀行家、菅江真澄（すがえ ますみ）が記録したスケッチと文の中に、「徐福塚」が描かれている。この徐福塚は現在は失われたが、2005年地元の有志により、自然石を用いて復元した。（写真2）　この場所は廃寺となった「永禅院」の敷地内であり、ここはかって巨大な修験の寺院で、現在は赤神神社の一角となっている。菅江真澄の紀行文がなければこの地

復元した徐福塚

の徐福伝説は永遠に忘れ去られていただろう。

男鹿徐福顕彰会の山本会長は、男鹿半島で温泉宿「雄山閣」を経営しているが、建物内に徐福の展示室を設けている。

⑤ 東京都八丈島

八丈島は東京都にありながら、都心からの距離は名古屋までとほぼ同じだ。離島である八丈島には、独特な文化が育まれてきた。元町長の笹本直衛氏は、『徐福さん』の記事のなかで、徐福伝説の紹介と、その背景となった離島の歴史文化を次のように分析、紹介している。

「八丈島の始祖伝説の一つに、「徐福は熊野に留まったが、共に来た童女500人の船は八丈島、童男500人の船は青ヶ島に着いた」とあり、民謡や風土記にも徐福が登場する。一方史実として大陸からの

漂着船の記録が多く残されており、島内の「唐人墓」、「唐人屋敷」「唐人山」の名称が残る」

　第5章で示すように、中国船漂着地は徐福伝説の発生要因の一つと考えられている。

⑥　神奈川県藤沢市

　旧東海道藤沢宿内にある妙善寺の福岡家の墓誌（写真3）に、先祖は徐福の子孫であると漢文で記されており、概略は次のとおり。

福岡家の墓（墓誌は右側の石の裏）

「祖先は秦の徐福から出ている。徐福は始皇帝の戦乱を避けて海を渡航し日本まで来て、富士山の山麓に住む。それ故子孫は皆、秦を姓とした。福岡の氏名は徐福の一字を取ったのである。また近くに秦野の名があるのは、一族が住んだことによるもののようだ。これにより祖先の地が明らかだ。我が子孫はそのことを忘れてはならない。天文23年（1554年）」

　全国に徐福関係の墓や石碑があるが、この墓誌を除いて全て江戸時代以降のものであり、安土桃山時代にさかのぼる遺物は他には見当たらない。この時代の徐福伝説を調べる上で貴重なものと言える。

⑦　山梨県富士吉田市

・鶴塚

福源寺には、死んだ鶴を葬ったとされる
「鶴塚」（1698年）と石碑（1798年）が残さ
れている。（写真4） 石碑に書かれている
のは、江戸時代中期の天台宗の僧侶、
六如慈周の漢詩で、「孝霊天皇のとき秦の徐
福が来て留まった。後に鶴が三羽いて、当
時の人は徐福が化身したと思った」と記さ
れている。元々この地に鶴と徐福を結びつ
けた伝説があったのか、六如慈周が漢詩で
創作したのかは分からない。鶴は道教では
仙鶴であり、神仙思想の流れの道教と徐福

鶴塚と石碑

が関連づけられる伝説とし
て興味が持たれる。

・徐福の墓

富士吉田市内のお伊勢山
に徐福の墓（写真5）がある。
墓は江戸中期の造りで、名
もしれぬ村人の徐福への思
慕が伝わる。

徐福の墓（左の祠）

（毎日新聞記事2014.5.20より）

・徐福祠と徐福像

富士吉田の大明見に徐
福祠と徐福石像（写真6）
があるが、これらは富士
吉田徐福会（現在の富士
山徐福学会）元会長の故
宮下長春氏が平成14年、
自分の土地に自費で建立

徐福の祠と徐福像

したものだ。祠の中には、徐福の船の模型が奉納されているが、これも宮下氏が中国で見た模型と同じ物を造らせたそうだ。

⑪　京都府丹後地方

　丹後半島の伊根町は、漁船の船屋で有名だが、町内の岬にある新崎神社には次の徐福伝説が残る。「この地に漂着した徐福は、里人をよく導いたので、推されて邑長（むらおさ）となり、死後産土神（うぶすながみ）として奉仕された」徐福以外にもこの地は、浦島伝説、

「新大明神口碑記」の石碑

羽衣伝説など神仙思想が濃厚な地域だ。また日本書紀によると田道間守（たじまのもり）が垂仁天皇の命をうけ、常世国へ不老長寿の薬を取りに行き、10年後帰り着いた地が伊根市と隣接する京丹後市の浜詰の海岸であるとする伝説がある。いずれも神仙思想に基づくものだ。

　新崎神社の近くに住む郷土史家の故石倉昭重さんは、徐福渡来を記した「新大明神口碑記」（1859年）を石碑に記し、2007年3月新崎神社境内に自費で建立した。（写真7）

⑫　三重県熊野市

　三重県熊野市内の波田須（はだす）地区には、「徐福の宮」がある。（写真8）伝説では徐福の船がここに流れ着き、やがて窯を設け焼

徐福の宮

物を人に教え、また、土木、農耕、捕鯨、医薬などの中国文明を里人に教えた。徐福の宮では江戸時代から徐福を祀っていたが、明治政府の神社合祀政策により徐福の宮も近くにある波田須神社に合祀され廃社となった。しかし氏子たちは明治40年、ここに墓（写真9）を作り、名目上は墓を守るということで密かに徐福の宮を祀りつづけ、戦後に徐福の宮を再建した。明治時代

9

徐福の墓

の神社合祀令により多くの神社が破壊され、鎮守の森が伐採されたが、それに反対した生物学者・民俗学者の南方熊楠（みなかたくまぐす）の話は有名だ。「徐福の宮」の鎮守の森は、海に入り込む急斜面地の村落とはるか下の海岸線を紀勢本線の列車が走る姿は素晴らしい里の風景となっており、テレビ番組で全国にも紹介された。

⑬ 和歌山県新宮市

　新宮市は、熊野地方の中心地であり、熊野三山の一つである速玉大社もある。ここには豊かな徐福伝説があり、佐賀市と並んで日本の徐福伝承地の中心的存在だ。鎌倉時代の漢詩にも徐福が詠われており、古くから伝説が存在していたことが確認できる。新宮市は近年徐福の墓がある場所を「徐福公園」として整備し、中国風の門が建てられた。（写真10）

10

徐福公園の入り口

・**徐福の墓**

　江戸時代初期、紀州藩主徳川頼宣により創建された徐福の墓（写真11）が残され、現在でも毎年お盆に墓の前で慰霊祭が開催される。（写真12、13）　室町時代の『紀伊続風土記』に「徐福の塚」があったことが記され、徐福の墓がこの時代からあったことが確認できる。（参考文献：華雪梅『徐福伝説と民俗文化』）

11
徐福の墓

12
僧侶による法要

13
徐福公園で行われる法要式典　右は徐福像

徐福之宮

　新宮市には、海に突き出た小高い「蓬莱山」があり、そのふもと

には蓬莱山をご神体とする阿須賀神社（写真14）がある。鎌倉時代の漢詩からも、すでにここに徐福の祠があったことが読み取れ、江戸時代の絵図には、阿須賀神社内に徐福之宮が描

阿須賀神社と御神体の蓬莱山

かれている。昭和61年にこの徐福之宮を阿須賀神社境内に再建した。（写真15）
蓬莱山は、中国の神仙思想で仙人が住む山とされ、徐福も仙人から不老不死の霊薬を得るために東の海に旅だち、蓬莱山を目指したとされる。日本では他にも富士山や延岡市も、蓬莱山と徐福伝説がセットになっている。

徐福之宮

・重臣塚

文献では江戸時代、新宮市内に徐福の重臣を祀った重臣塚が7つあったとされるが失われ、現在は大正6年に再建された重臣塚が一つある。（写真16）　徐福伝説はその地方の特色を表しているが「徐福の重臣」が出てくるのはここだけだ。

重臣塚

これは江戸時代の徐福伝説の成立に、紀州徳川藩の影響が強く、武家にとって「重臣」が美徳とされたからと考えられる。

江戸時代に存在した徐福之宮と重臣塚がいつ、どのような理由で無くなったのかは今後の研究課題としたい。

⑱ 福岡県筑紫野市

筑紫野市天山の集落から宮地岳へ至る中腹に「童男丱女岩」という巨石があり、徐福が船をつないだ「船つなぎ岩」とされている。（写真17）　『筑前国続風土記』には里民の話として、徐福と童男童女の話を記載している。

童男丱女岩（HP「福岡史伝」より）

天山の伝説を紹介し最後に「これは強引にこじつけて命名したものだろう」としている。これを書いたのは黒田藩藩士で「養生訓」で有名な貝原益軒だが、文化としての伝説を大切にし、一方では「こじつけ」として歴史と線を引く見解は当時としては先進的なもので、現代の伝説研究

登山道の標識

に通じる。また佐賀市の徐福を祀る金立神社上宮にも巨石があり、関連性が感じられる。（参考文献：HP「福岡史伝」）

「童男丱女岩」は全国の徐福伝承地で唯一車で近づけない山中にあり、地元の「天山ふれあい会」（2023年「筑紫徐福会」と改称）は、ハイキング道の整備や清掃を行ってきた。「童男丱女岩」に至る登山道には「あと何メートル」の標識(写真18) が設置され、筆者も2023年12月この看板に励まされて登り、日本海まで見渡せる素晴らしい風景をながめ、山脈が切れた所に位置する筑紫野市と太宰府市が古くから交通の要衝であり、ここに水城が築かれたことも理解できた。

⑲ 福岡県八女市

　八女市に「童男山古墳」があり、これが徐福の墓とされている。久留米藩士の真辺仲庵が1675年ごろ記した『北筑雑藁』によると、村人に聞いた話として童男山古墳に残る舟形石棺が、童男童女を乗せた舟が石化したものとしている。

童男山ふすべ（地元保存会の案内書より）

　また古くからこの古墳内部で火をたく「ふすべ」の行事があったが、終戦後の昭和23年、徐福伝説を取り入れた紙芝居「童男山物語」が地元の小学校で製作され、「ふすべ」の行事に合わせて、今日も小学生による紙芝居を上演している。（写真19）　これは、「寒い冬、病に倒れた徐福を村人が看病したが死んでしまい、これをていねいに葬り徐福の安らかな眠りを念じ火をたき続けた。」というもの。

　一般的な徐福伝説は「稲作などの先進文明を伝えた」というものだが、この紙芝居は死にそうな徐福を看病した、という立場が逆のような関係となっている。これは物語が書かれた終戦後の、国際平和と外国との友好を目指す考えが反映されているのだろう。八女には徐福の渡来伝説が古くからあるが、それをアレンジして新たな伝説を創作して子供達の平和友好教育に役立て、現在までも続いていることは新鮮な印象を受ける。

　ある徐福研究者は、「古墳時代は徐福の時代と異なるので、この伝説はうそだ」と言っていたが、第2章で考察したとおり伝説研究は本当か嘘かの問題ではない。

　「童男山ふすべ」については、『徐福論 今を生きる伝説』（逵志保著2004年）で、小学校の紙芝居の行事をつくり、新たな徐福伝説が生まれ、それが普及していく過程での人間模様を詳しく描いているので一部を紹介し、徐福文化研究の内容を感じ取っていただきたい。「伝説を伝えようとするものは、その起源をできるだけ遠く古いところに求める志向性をもっており、その都合に合わせるために、内容は常に変容していく。しかもそれは個人の創造性の域ばかりではなく、時代の要請とも無関係でない。八女の徐福伝説の場合、伝説の起源には、躍動する伝説の力強さはみられない。しかし、伝説を取り囲む人々のところでこそ、伝説は生かされているのであり、そこに伝説の生成力やダイナミズムが見られるのである」

⑳ 佐賀県佐賀市

　佐賀平野は『史記』の記述の「平原広沢」を思わせる広大な稲作水田が広がっている。ここには、徐福上陸地、お手洗いの井戸、徐福お手植えの神木など豊富な伝説が残されている。また徐福を慕った「お辰さん」が「お辰観音」として祀られている。しかし伝説の本丸はこの平地でなく、佐賀平野の北方にそびえる金立山の金立神社だ。

金立神社と大祭

　金立神社は平安時代の歴史書にも現れる古い神社であり、徐福が主神として祀られている。当社には、1648年に描かれたと推測される「金立神社縁起図」（写真20）が伝わり、ここには徐福が描かれ

金立神社縁起図

ている。江戸時代初期の作品であり、徐
福伝説はそれ以前からあったと推測され
る。当社の祭礼は春・秋の祭りの他に五
十年に一度の大祭が行われており、最近
では1980年に行われた。（写真21：佐賀県
徐福会HPより）この年は、徐福渡来2200
周年に当たり、盛大に行われたとのこと
である。50年に一度では人生で一度しか
見る機会がなく、現在も宗教行事として
の純粋性が感じられる。

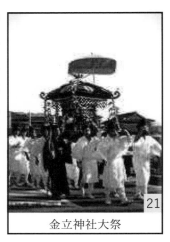
金立神社大祭

お辰観音などの豊富な伝説

　徐福は、土地案内を頼んだ源蔵の娘お辰と恋仲になった。しかし
徐福が金立を去るとき「5年後に戻る」との伝言が「50年後に戻る」と
誤って伝わったため、お辰は悲しみのあまり入水したと伝えられて
いる。地元の研究者によると、1745年に建てられた観音堂の棟札に
徐福やお辰の記載はなく、また、源蔵やお辰の名前が江戸時代のも
のであることから、この伝説は江戸時代に成立したと考えられてい
る。（参考文献：山崎泰介「佐賀・徐福国際シンポジウム2015 」）

　このほか佐賀市には、徐福が海から金立山に向かうルートに、上
陸地、徐福が掘った井戸、徐福
が植えた香木（ビャクシン）、徐
福一行が千反の布を敷き前進
した地、徐福が手を洗った滝、
などの豊富な伝説が残されて
いる。

徐福長寿館

徐福長寿館

　徐福が探した不老不死の霊
薬は、佐賀市ではフロフキと

される。その伝説に因んで、佐賀市では「健康と長寿」をテーマとした「徐福長寿館」（写真22）を金立山麓に建設し、徐福伝説の紹介や、フロフキをはじめとした薬

徐福像と金立山

用植物園を運営している。「徐福」の名がつくりっぱな建造物は、全国でもここだけだ。近くに金立山を背景とした徐福像（写真23：佐賀県徐福会HPより）も建立されている。

㉑ 宮崎県延岡市

　延岡では、徐福は薬や健康、長寿の神とされるが、ここには徐福が船をつないだという「徐福・船つなぎ岩」がある。また延岡の商店街に徐福堂があったが、2019年12月、今山八幡宮境内に新たな徐福堂を設置し、徐福像を移設した。今山はかって「蓬莱山」と呼ばれており、仏教寺院である「蓬莱山今山大師」もある。写真24と25は徐福さん振興会（現延岡徐福伝説伝承会）が作成した案内の一部。

㉒ 鹿児島県いちき串木野市

　薩摩藩が、天保14年（1843年）に地誌『三国名勝図会』をまとめた。これによると孝霊天皇の時代に、秦の始皇帝の命を受けた徐福が不老不死の妙薬を求めこの地に来て、冠を埋めた山が　冠　嶽（かんむりだけ）となった。徐福は熊野へ行ってしまったため、皆はこの地に熊野権現の祠を建てた。

　冠嶽神社のホームページによると、冠嶽の熊野三所権現と頂峯院（霊山寺）は、江戸時代には薩摩国の修験道場の中心として隆盛を極め、古くから神仏習合の霊山だった。

　いちき串木野市では毎年4月から花冠祭が開催される。「花冠祭」とは、稲作や五穀を伝えた徐福に対する感謝のお祭りで、日本一大きい徐福像に、花の冠を捧げる行事だ。冠を被せる時には湯かぐらの神事が行われる。翌日は屋外広場で市民向けのバザーや芸能大会が開催され、山車が市内を練り歩き、山伏姿の僧がホラ貝を吹くなどして平和と健康を祈願する。（写真26）

（参考文献：いちき串木野市HP）

山伏姿の僧侶と山車

第3章まとめ
・日本各地の徐福伝承地では、徐福の墓、古文書、絵画、神仏像などの様々な徐福文化があり、また今も行われている祭祀、徐福祭りなど徐福伝説に関連したイベントや徐福菓子や徐福グッズの製造販売なども現在の徐福文化と言える。

表 全国の徐福文化一覧

・表中の丸数字は分布図（P59）に対応

・文献資料で『徐福さん』としているのは、2005年鳥居貞義氏が編集した書籍で、各地の郷土史家が執筆したもの。

・この一覧表は、日本徐福協会と華雪梅氏の共同研究を加工したもの。

市町村	徐福文化	徐福関連物（建築物、像、絵画等）	文献資料
北海道 富良野市 ①	静修熊野神社（明治時代に宮城県熊野神社から分神）	静修熊野神社ご神体(ご神体が中国風で、徐福の可能性)	菅原富夫『富良野町郷土をさぐる会機関誌(第21号)』(2004年)
青森県 中泊町（旧小泊村）②	1 権現崎に漂着 2 尾崎神社の脇侍として祭る 3 航海安全の神 4 船の右櫓伝統の伝来	1 尾崎神社徐福木像(江戸時代末期) 2 権現崎徐福上陸地の標柱(1995年) 3 徐福像(2002年) 4 徐福の里公園(2004年)	1 菅江真澄『菅江真澄遊覧記』(1796年前後) 2 『徐福さん』(柳澤良知「小泊と徐福」) 3 中泊町観光課案内書『徐福と中泊』
秋田県 男鹿市 ③	菅江真澄『男鹿五風』(1810年)に徐福塚の絵図と記述	徐福塚（2005年、旧永禅寺内に復元）	1 菅江真澄『男鹿五風』(1810年) 2 山本次男『男鹿門前徐福渡来伝説』(近年)
東京都 北区 ④	徐福の船を描いた縁起絵巻	若一王子縁起絵巻(1641年)	北区飛鳥山博物館特別展資料（2018年）
東京都 八丈町及び青ヶ島村 ⑤	徐福は熊野に留まったが、童女500人は八丈島、童男500人は青ヶ島へ。一緒に住むと海神の祟りがあるが、年に一度童男は八丈島に渡ることが許される。	伝説を唄った民謡の碑を青ヶ島を遠望できる海岸に建立	1『伊豆海島風土記』(1781年) 2 滝沢馬琴『椿説弓張月』(1805年) 3 八丈町教育委員会『八丈島誌』(1983改訂版) 4「徐福さん」(笹本直衛「八丈島と徐福」)

神奈川県⑥	藤沢市	福岡家の先祖は、徐福である。徐福は富士山に住み着き、子孫は秦や福岡を名乗った。	藤沢市妙善寺の福岡家墓及び墓誌(1554年)	1 藤沢市妙善寺の福岡家墓誌 (1554年) 2 姫井倫子『徐福フォーラムin神奈川資料集』「徐福の子孫・藤沢妙善寺福岡家の墓標」(2007年)
	秦野市	徐福がインド人僧侶から預かったインドの仏像を、始皇帝子孫が秦野に持ってくる。	宝蓮寺の仏像	1 『宝蓮寺真名縁起』(1700年以降) 2 石川『宝蓮寺真名縁起現代語訳』(HP)
	相模原市藤野町	徐福が中国から持ってきた秦始皇帝の像を当地に残す。	唐土大明神像＝始皇帝像(火災により焼失したが写真が残る)	1 『唐土大明神之由来書』(1755年) 2 池上正治講演資料(2019年)
山梨県⑦	富士吉田市	1 徐福一行が富士山麓に定住。子孫はみな秦氏を名乗る。 2 徐福が鶴となり飛びかっていたが、死んで葬られた。	1 徐福墓(推定江戸時代中期) 2 徐福祠、徐福像(1998年) 3 福源寺の鶴塚(1698年)及び鶴塚碑(1798年) 4 徐福碑(1999年、徐福顕彰奉賛会が北口本宮冨士浅間神社近くに建立)	1 釈義楚『義楚六帖』(954年) 2 『鶴塚碑』(1798年) 3 徐福『宮下文書』(明治時代の偽書？) 4 『徐福さん』(土橋寿「富士山徐福」) 5 『山梨の伝説』(土橋寿「ツルになった徐福」山梨国語教育研究会編) 6 富士山徐福学会案内書『富士山徐福』(2016年)
	富士河口湖町	徐福の子孫は秦氏又は羽田氏と称する。	・波多志神祠(江戸後期) ・徐福秦大明神の祠として再建(1965年)	1 『甲斐国誌』第71巻(1814年) 2 『河口御師由緒』(江戸時代中期) 3 『徐福さん』(羽田武栄「富士北麓・徐福伝説の考証」

	山中湖村	長池集落は昔長寿村と称し、子孫は羽田氏を名乗る。	イチイの巨木（根元に羽田家の先祖が埋葬）	『山中湖村史』（「徐福の子孫の伝承」1992年）
長野県	小布施町⑧	葛飾北斎日本画	「富嶽と徐福」（1846年）（小布施町北斎館）	逵志保『徐福、富士に不死を見る』（2016年、富士山徐福フォーラム講演資料）
愛知県	豊川市⑨	徐福一行が熊野からこの地に移り住んだ。	菟足神社	1 『牛窪記』（1696年頃） 2 菟足神社看板
	名古屋市熱田区⑩	徐福は童女500人を連れて海島を得て戻らなかった。そこが熱田神祠	熱田神宮	1 漢詩集『東海瓊華集』（室町時代） 2 逵志保『大学的愛知ガイド』2014年
京都府⑪	与謝野町	徐福と仙人が対面する屏風絵	与謝蕪村の屏風画（与謝野町施薬寺）	『方士求不死薬図』（1755年ごろ）
	伊根町	徐福は邑長となり、村人を導いた。死後は新井崎神社に産土神として奉納。他の文献では祭神は童男童女。	1 新井崎神社（創建998年） 2 童男女の木像（新井崎神社） 3 「新大明神口」碑（2007年）	1 『新大明神口碑記』（1859年） 2 徐福案内書（丹後徐福研究会） 3 『徐福さん』（石倉昭重「丹後の徐福伝説」
三重県	熊野市波田須町⑫	徐福が焼き物、製鉄を伝えた。	1 徐福の宮 　1957年再建 2 徐福の墓 　（1907年） 3 徐福が焼いたとされるすり鉢 4 秦の半両銭（徐福の宮で出土）	1 熊野市案内書『熊野波田須・徐福伝説の里を訪ねて』 2 逵志保『徐福論』（2004年）
和歌山県	新宮市⑬	1 熊野浦に漂着 2 医薬の神 3 農業・漁法・捕鯨・製紙などの技術の伝来	1 秦徐福之墓（1736年一説） 2 秦徐福碑（1835年、1940年復元） 3 徐福像（1997年） 4 七塚之碑（1916年） 5 不老の池（1997年）	1 無学祖元『献香於紀州熊野霊祠』（1279年前後） 2 絶海中津と明太祖の唱和詩『応制賦三山』・『御製賜和』（1376年） 3 林羅山『倭賦』（1612年）

			6 徐福公園（1994） （旧徐福廟は1937 年設置） 7 由緒板 （1994年、中国龍 口市寄贈） 8 阿須賀神社の徐 福宮（1985年復元） 9 徐福上陸地	4 「徐福宮」の記載の 古地図(1644年) 5 松下見林『異称日 本伝』（1688年） 6 『西国三十三所名所 図会』（1853年） 7 長井定宗『本朝通 紀』(1698年) 8 『徐福さん』（奥野 利雄「新宮の徐福 さん」） 9 新宮市案内書『徐 福』(2012年)
岡山	倉敷市 ⑭	真言宗安養寺の石 像が徐福の可能性	徐福とされている 石像	池上正治『徐福』 （2007年）
広島	宮島町 ⑮	「蓬莱岩」は徐福 が来たから。	蓬莱岩（北端の聖 崎）	宮島観光協会HP
山口県	祝島 ⑯	徐福が使ったとさ れる碁盤石が残さ れている。	徐福の碁盤石	田島孝子・重村定夫 『アジア遊学No53』 （2003年）
高知県	佐川町 ⑰	土佐の宇佐に漂着 した徐福が虚空蔵 山に登ったが仙人 に会えなかった。	徐福顕彰碑 （1993年）	1 『虚空蔵山・鉾ガ峰 縁起』 2 池上正治『土佐の 徐福伝説を探る』 （2015年）
福岡県	筑紫野 市⑱	徐福の船を天山の 巨石に繋いだ。	童男卯女（揚巻髪の 女の子）船繋石	『筑前国続風土記』(1 700年ごろ)
	八女市 ⑲	・童男山古墳の舟 形石棺は、徐福の 乗ってきた船が石 化したもの。 ・「童男山ものが たり」（1948年地 元の小学校で制作 ：徐福の船が難破 し、徐福が海岸に 打ち上げられたが 住民の介抱むなし く息を引き取っ た）	1 童男山古墳及び 舟形石棺（古墳 時代） 2 徐福像及び童男 童女像（2003年）	1 『北筑雑藁』真辺仲 庵 （1675年以前） 2 『筑後地鑑 上巻』 （1683年） 3 『筑後志 巻三』 （1777年） 4 逵志保『徐福論』 （2004年） 5 『徐福さん』「赤崎 敏男「八女の徐福」 6 案内書『徐福と童 男山ふすべ』（2006 年）

佐賀県⑳	佐賀市	1 浮盃に漂着 2 寺井津で手を洗う。 3 新北神社にあるビャクシンを植樹 4 千反の布を敷いて金立山へ向う 5 片葉の葦とエツ 6 お辰との恋愛物語 7 古湯温泉の発見 8 金立神社大権現 9 農耕の神・雨乞の神 10 農耕など技術の伝来 11 船の右櫓伝統の伝来	1 金立神社 2 甲羅弁財天（1688年） 3 徐福長寿館（1995年） 4 筑後川河畔の徐福像（2011年、慈渓市寄贈） 5 徐福長寿館館内の徐福像（1995年） 6 徐福長寿館館外の徐福像（2005年連雲港市寄贈） 7 諸富町サイクルロード徐福像（1990年） 8 徐福上陸地記念碑（2005年） 9 お辰観音像（1745年） 10 筑後川昇開橋の徐福像（2012年）	1 絹本淡彩「金立神社縁起図」(1648年) 2 山本常朝『葉隠』（1716年前後） 3 伊藤常足『太宰管内志』（1841年） 4 『佐賀県神社誌要』（1926年） 5 大串達郎『徐福さん』「佐賀平野の徐福伝説」(2005年) 6 案内書『佐賀県の徐福物語』
	伊万里市及び武雄市	徐福一行は天童の岩(伊万里市)や鳳来山(武雄市)に行ったが霊薬は得られず、さらに杵島方面に向かった。		1 大串達郎『徐福さん』「佐賀平野の徐福伝説」(2005年) 2 案内書『佐賀県の徐福物語』
宮崎県	延岡市㉑	徐福の船を、蓬莱山の徐福岩に繋いだ。	1 徐福堂、徐福像（銅像） 2 徐福岩	『徐福さん』（渕脇次男「宮崎県の徐福伝承」）
鹿児島県	いちき串木野市㉒	徐福は不老不死の妙薬を求めてこの地に来て冠嶽に冠を埋め、熊野に行った。皆はここに熊野権現の祠を建てた。	1 徐福像（日本最大の徐福像） 2 徐福祠廟 3 冠嶽園（中国風庭園）	1 薩摩藩『三国名勝図絵』（1843年） 2 三善喜一郎『徐福さん』「串木野の徐福」(2005年) 3 冠嶽山鎮国寺頂峰院ホームページ

次の表は、「徐福が求めた霊薬」、「定例行事・祭祀」「始皇帝又は徐福子孫」の三つの種類ごとに各地の伝説をまとめたもの。

徐福が求めたとされる不老不死の霊薬
・青森県中泊町：行者ニンニク、トチバ人参、権現オトギリ草
・東京都八丈島：明日葉(アシタバ)、別名「ハチジョウソウ」
・山梨県富士吉田市：コケモモ
・三重県熊野市：アシタバ、トチバニンジン、天台烏薬
・山口県祝島：コッコー
・京都府伊根町：黒茎の蓬、九節の菖蒲
・和歌山県新宮市：天台烏薬
・佐賀県佐賀市：フロフキ（寒葵）

徐福の定例行事、祭祀活動
・青森県中泊町：中泊徐福まつり（8月27日、2013年開始）
・和歌山県新宮市：熊野徐福万燈祭（8月12、13日1962年開始）
・福岡県八女市：童男山ふすべ（徐福の紙芝居は、1947年開始）
・佐賀県佐賀市：金立神社例大祭（50年に一回　4月27～29日
　　　　　　　　　　　　前回は1980年　開始年は不明）
・鹿児島県いちき串木野市：花冠祭（4月中旬、2002年開始）

秦の始皇帝又は徐福の子孫とする伝説
　　　（注：秦氏伝説については、第6章に記載）
・山梨県富士山麓：徐福の子孫は、秦氏を名乗る。(『義楚六帖』)
・山梨県富士河口湖町：甲斐国史第71巻1841年、波多志神祠
・山梨県山中湖村長池：徐福子孫は羽田氏を名乗る。
・神奈川県藤沢市：徐福の子孫は秦や福岡を姓とした。先祖は富士
　山麓から秦野、さらに藤沢に移住した。(福岡家墓誌)
- -
　徐福と秦氏を結びつけた伝説は山梨県と神奈川県だけに見られる。
これは中国の『義楚六帖』の記載の影響と、現に富士山麓に羽田さんが多いことや、秦野の地名と関連付けられたと考えられる。

第４章　日本の徐福組織と国際交流

- 徐福の組織は何を行ってきたのか？ -

1.　日本各地の徐福団体と日本徐福協会

各地の徐福団体

　現在日本の主な徐福伝承地には、それぞれの地域で徐福会が組織されている。組織の規模や活動内容は一様ではないが、伝説の掘り起こしなどの徐福研究を行い、また行政と協力して徐福祭を行うなど街の活性化に役立てている。全国で最も早く組織化されたのは、1915年、現新宮市の「徐福保存会」だ。江戸時代初期、紀州藩主の徳川頼宣により建立された徐福の墓石を、大正の始め何者かが近くの田んぼに投げ捨て埋もれた状態になっていた。これを有志により元の場所に安置し、墓を守るための組織を作った。　（参考文献：華雪梅『徐福伝説と民俗文化』風響社,P186)

　その後新宮での徐福組織は形を変えつつ発展し現在の新宮徐福協会に至る。新宮以外の地域で組織化されるのはかなり間があき、66年後の1981年に佐賀県、1990年代に山梨県富士吉田市に徐福会が設立され、2000年以降になると急速に各地に増大する。これはこの時代歴史ブームが起って郷土史研究も盛んになり、また行政による街おこしも行われ、郷土文化の研究と地域の観光が結びついた結果だ。これら各地の徐福会の連合体として2016年に日本徐福協会が設立された。

日本徐福協会発足の経過

　日本徐福協会発足の契機は、徐福の世界遺産登録に向けた動きだ。2015年10月、中国江蘇省連雲港市贛楡県（現贛楡区）で、「徐福文化と一帯一路の接点建設国際学術シンポジウム」が開催されたが、その中で日本、中国、韓国が共同で徐福の世界遺産登録を目指すこととし、「徐福文化国際研究協議会」の設立が提案されて了承された。日本には徐福の全国組織がなかったので、受け皿としての組織を作ることが必要となった。そのため佐賀県徐福会、八女徐福会、神奈川徐福研究会が発起人となって会員を募り、2016年3月19日に佐賀市徐福長寿館で、日本徐福協会設立総会を開催し、会長に神奈川徐福研究会の田島会長を選任し、筆者も事務局長に就任して同年4月1日に発足した。

　準備期間が十分でなかったが、各地区の徐福会のご理解をいただき、発足当初は、各地の徐福会のから団体会員13団体、個人会員6人の計19であり、2023年4月現在では、12団体、個人6人、計18となっている。団体会員が減少しているが脱会したわけではなく、一部の団体会員が個人会員に移行したためであり、実質的に二団体の増加となっている。個人会員は、団体組織のない徐福伝承地の研究者及び徐福全般の研究者となっている。

日本徐福協会設立総会　2016年3月

日本徐福協会の活動目的

　現在の日本徐福会の活動目的は、次の三点としている。

①　国内の徐福研究団体、研究者の交流。
②　中国、韓国の徐福研究団体と協力して徐福文化の発展を図る。
③　徐福の世界遺産登録を目指す。

①は主に会員相互の交流となっている。なお徐福を歴史上の人物として研究する団体もあるが、方向が異なるので交流は行っていない。

②は「国際交流による徐福文化の発展」であるが、ポイントは「徐福文化」というキーワードだ。「徐福研究」というと、徐福が日本に来て何をしたかという歴史研究がイメージされるが、「徐福文化研究」となると、伝説、祭りや祭祀、徐福神社、徐福の墓などの文化が対象となる。例えば日本には「徐福の墓」がいくつかあるが、徐福文化研究とした場合、「どれが本物の徐福の墓か？」ではなく、徐福の墓を建てるという文化が研究の対象となる。「徐福文化」は、中国徐福会から提起された言葉で、徐福文化の意義を「人類が求める交流と親善、平和、健康と長寿の促進」としている。

③は世界遺産に関することだ。2011年に中国徐福会から「中国、韓国、日本の三か国と連携して世界遺産に申請する」構想が提起され、2015年に同じく中国徐福会から、「当面は無形文化遺産を目標とする」提案がなされた。詳細は本章の3項（P100〜）で解説する。

日本徐福協会の役員・顧問・会員

役　員	2016年4月（発足時）	2023年4月（発足8年目）
会　長	田島孝子（神奈川徐福研究会）	大串達郎（佐賀県徐福会）
副会長	澤野　隆（佐賀県徐福会） 山口泰郎（新宮徐福協会） 土橋　寿（富士山徐福学会）	山口泰郎（新宮徐福協会） 早川　宏（富士山徐福学会） 中村芳子（八女徐福会）

事務局長	伊藤健二（神奈川徐福研究会）	赤崎敏男 （八女徐福会、筑紫徐福会）
事務局次長	――	伊藤健二（個人会員）
会　計	津越由康（神奈川徐福研究会）	大串達郎　（兼務）
会計監査	三田　満（神奈川徐福研究会）	井上元生（筑紫徐福会）

名誉顧問及び顧問（2023年4月）

名誉顧問	壱岐一郎	元沖縄大学教授
顧　問 （西から順）	高島忠平	佐賀女子短期大学名誉教授
	逹　志保	愛知県立大学講師
	土橋　寿	元帝京学園短期大学教授
	田島孝子	元日本徐福協会会長
	池上正治	中国研究者・翻訳家・作家
	笹本直衛	元八丈島町長

会員　（2023 年 4 月）

団体会員　（団体の設立順）

1　**一般財団法人 新宮徐福協会**（和歌山県新宮市）　　1948年設立

　　会員11名　代表理事 山口泰郎　　　　　事務局　　新宮市商工観光課
　・毎年８月、「熊野徐福万燈祭」を開催し、徐福供養式典と新宮花火大会
　　実施している。

- -

　　大正４年（1915年）徐福墓保存会発足
　　　　その後、徐福保存会、徐福講、盆踊りの会などが発足
　　昭和23年(1948年)　「新宮徐福会」が発足
　　昭和62年(1987年)　「徐福研究会」が発足（会長 奥野利雄）
　　平成元年(1989年)　統合組織として 財団法人新宮徐福協会設立。
　　　　　　　　　　　　（歴代市長は、理事長を兼務）
　　平成26年(2014年)　財団法人から一般財団法人へ変更
　　　　　　　　　　　　（代表理事：西義弘）

2　**特定非営利活動法人 佐賀県徐福会**（佐賀県佐賀市）

　　1981年設立　会員16名　　　会長　大串達郎
　　（歴代会長：宮崎茂・木下棋一郎・村岡央麻・澤野隆）
　・吉野ヶ里遺跡等考古学と関連付けた講演会を不定期に開催している。
　・佐賀市は1995年に「佐賀市徐福長寿館」設置。

- -

1981年　徐福研究会
1989年　佐賀県徐福会と改称
2010年　NPO法人佐賀県徐福会

3　富士山徐福学会（山梨県富士吉田市）　　　　1991年設立　　会員6名
　　会長　早川宏　　副会長　勝俣源一　（歴代会長：宮下長春、土橋 寿 ）

- -
　1991年　日本徐福会山梨支部（会長 宮下長春・理事長 土橋寿）
　1993年　富士吉田徐福会と改称（会長 宮下長春・理事長 土橋寿）
　2012年　富士山徐福学会と改称（会長 土橋寿・理事長 渡辺繁充）

4　丹後徐福研究会（京都府与謝野町）1994年設立(2018年再建) 会員18名
　会長：井上正則　　事務局長：江原英樹
　　・毎年11月与謝野町の施薬寺にある与謝蕪村の徐福絵の公開日に併せて
　　　徐福イベントを実施

- -
　1994年　丹後徐福研究会設立（会長　石倉昭重　京都府伊根町）
　　　　　（その後活動を停止）
　2018年　与謝野町日中友好協会会員が中心となり再建

5　熊野市（三重県）　　　　　　　　　2001年設立
　　代表　熊野市長　　事務局　熊野市観光スポーツ交流課

- -
　2001年　熊野徐福振興会設立
　2010年　熊野市に移管

6　神奈川徐福研究会　（神奈川県横浜市）2003年設立 会員20名
　　会長　田島孝子　　神奈川県日中友好協会に所属
　・『現代語訳　神皇紀』発行（2011年）
　・『対訳 富士古文書−徐福が記録した日本の古代−』発行（2023年）

7　筑紫徐福会　（福岡県筑紫野市）　2005年「天山ふれあい会」として設立
　　会員 30名 会長 井上元生
　　歴代会長 大江和美・藤野貫治　副会長 井上知義、櫻田勝利
　・徐福伝説のある天山のハイキング道の整備、植樹、案内板の設置等の環
　　境保持のボランティア活動

- -
　2023年　「筑紫徐福会」に名称変更

8　男鹿徐福顕彰会　（秋田県男鹿市）　2005年設立　　会長　山本次夫
　・伝説に基づく徐福塚を地元の有志により復元（2005年）

9　延岡徐福伝説伝承会　（宮崎県延岡市）
　　2008年「徐福さん振興会」として設立　会長　植田恒雄
　　前会長：亀山勉　事務局長:森憲一　副会長：三野吉照・横山鐵蔵・久世征志
　　・商店会のメンバーが、徐福像を造るなどの活動を行っている。

- -
　　2019年　「延岡徐福伝説伝承会」に名称変更

10 八女徐福会（福岡県八女市）　2013年設立　会員 30名　会長　中村芳子
前会長：熊谷恒樹　　副会長 赤崎敏男、下川軍一、水野ゆり子　　事務局長 櫻木誠
・毎年1月20日に童男山古墳で小学生等が「童男山ふすべ」の行事
・韓国・巨済徐福会と姉妹研究会を締結

11 特定非営利活動法人　佐賀県徐福観光振興会　　（佐賀県佐賀市）
設立　2016年設立　　　会員16名　理事長　澤野隆
・佐賀の徐福文化の学習、徐福伝承地への案内等の徐福観光事業を行う。
2019年 法人化

12. いちき串木野市（鹿児島県）　　　　　　2018年日本徐福協会に加入。
代表　いちき串木野市長　　　事務局 シティセールス課
・毎年4月、徐福行事である「花冠祭」を行う。

個人会員	（西から順）	
石川幸子	・大阪府藤井寺市　・大阪大谷大学卒	
逵　志保	・愛知県あま市　　　・愛知県立大学大学院終了	
	・日本徐福協会顧問　・愛知県立大学等3大学の講師	
伊藤健二	・神奈川県藤沢市　・前日本徐福協会事務局長	
池上正治	・東京都板橋区　　・東京外国語大学中国科卒業	
	・日本徐福協会顧問	
笹本直衛	・東京都八丈島　　・元八丈町町長　・日本徐福協会顧問	
柳澤良知	・青森県中泊町　　・元「小説津軽の像記念館」館長	
鳥居貞義	・大阪府守口市　　（2022年4月退会）	

参考：市町と各地徐福会の関わり

　いちき串木野市と熊野市は、市長が日本徐福協会の会員となっており、新宮徐福協会は市で事務局を行い、佐賀県徐福会はNPO法人として市の「徐福長寿館」で業務を行っている。このほかの市町も徐福関係イベントに関わるなどの支援を行っている。市町の対応は、歴史担当の教育委員会ではなく観光業務を担当する部門であり、「徐福祭り」などの行事を主催するなど「街おこし」の要素が強いが、一部では講演会を後援するなどの徐福研究への支援も行っている。

2 徐福と国際関係

徐福と日中関係

　日本に来て文化を伝えたとされる徐福は、日中友好のシンボルとされている。しかし日本人の中国に対する見方は時代により大きく変化してきた。日本は古くから中国から文化を学び、中国は日本の師であった。現在の徐福伝説の多くは江戸時代に成立したので、徐福が稲作や製鉄を伝えたなど徐福を敬う内容だ。しかし江戸時代半ばに発生した平田篤胤等の一部国学者は、日本の中国に対する優位性を主張し、徐福を含めた中国からの文化的影響を否定した。さらに明治維新後は日清戦争、日中戦争など日中関係が最悪となった。第二次大戦後、田中角栄総理時代の日中国交正常化後は、パンダに象徴される日中友好ブームもあったが、2022年のロシアのウクライナ侵攻以降、「ロシアと中国とは同類」だとして、中国が今にも日本に攻めてくるかのような論調が横行している。しかし一方では武力ではなく対話と外交で戦争を避けようとする努力もあり、日中間の文化交流も続いている。

　このように複雑に変化する日中間の歴史の中で、徐福関係者はどのように対応してきたのかを具体的に見て行きたい。

各地の徐福団体・徐福関係者の国際交流
○新宮市の徐福会

　大正時代に徐福の墓石が何者かに投げ捨てられたことはこの章の始めに記述したが、その理由の情報は得ていない。中国人である徐福を祀ることに、当時快く思わない人もいただろう。和歌山県新宮市の有志は、1915年(大正4年)「徐福保存会」を設立し、日中戦争のさなかの1940年（昭和15年）、皇紀2600年記念事業に「秦徐福碑」を建立した。

　戦後の1948年、それまであった市内の徐福関係の団体が統合して新宮徐福会を設立した。当時国交があった台湾政府から徐福廟再建の寄付の申し出があったが、1972年日中国交が正常化し、和歌山県日中友

好協会から徐福廟再建の申し入れが新宮市に届き、台湾との関係は断つこととなった。（参考文献：逵志保『日中国交正常化50周年記念特別シンポジウム記録集』「徐福伝説研究からみる中韓日の文化交流史」2022年）

○佐賀県徐福会

佐賀市は徐福の最初の上陸地との伝説があり、また市内には渡来文化が見られる吉野ヶ里遺跡がある。このため佐賀県徐福会は徐福伝説と渡来人に関する国際フォーラムを重ねてきた。（第2章P41参照）

○鹿児島県いちき串木野市の郷土史家

いちき串木野市には日本一の巨大な徐福像、徐福廟、日中友好の陶板などがあり、郊外には中国風庭園「冠嶽園」がある。また毎年春、徐福花冠祭（徐福石像の頭に冠をかぶせる祭り）が開催されている。これらは郷土史家である故三善喜一郎氏の行政への働きかけで実現したものや、自費で建立したものだ。三善氏は戦時中旧満州国の特別高等警察（特高）だったことから、戦犯の懺悔の気持ちからとのことだ。（三善さんの知人のHPによる）　また三善さんは「日本が徐福のことをもっと知っていたら、中国とは戦争にならなかったのに」といつも口にしていたそうだ。現在も三善氏が尽力した徐福祭りである「花冠祭」が、毎年春に市民も参加して盛大に開催されている。

○京都府与謝野町の日中友好協会

京都府伊根町の新崎神社には徐福伝承があり、また与謝野町の施薬寺には与謝蕪村が描いた徐福の屏風絵「方士求不死薬図」（徐福が不老不死薬を求める絵）が残されている。2017年、京都府日中友好協会副会長の江原英樹氏など、与謝野町日中友好協会のメンバーが中心となり、以前あった「丹後徐福研究会」を再興した。

加悦町（現与謝野町）には、第二次世界大戦中ニッケル鉱山が存在し、多くの中国青年の強制労働の地となった。与謝野町日中友好協会は、亡くなった中国青年の慰霊と両国の友好と平和を目的に2006年に設立された。

○その他の徐福関係者の国際交流

・小熊 誠（神奈川大学学長・神奈川県日中友好協会副会長）：中国の
　祖先祭祀や風水研究の第一人者。元神奈川大学留学研究生の華雪梅
　さんの指導教授であり、『徐福伝説と民俗文化』（2021年風響社）の
　執筆に大きな力となった。（第 2 章参照）
・田島孝子（神奈川徐福研究会会長・元日本徐福協会会長）：中国慈渓
　市に徐福記念館を建設するなどの交流を行ってきた。
・池上正治（日本徐福協会顧問）：徐福の国際交流等で司会を行うなど、
　通訳・翻訳などを通じて日中の徐福交流に深く関わってきた。
・逵志保（日本徐福協会顧問・愛知県立大学講師）：日本で唯一の「徐
　福博士」で、中国と韓国のいくつかの地域徐福会の顧問を務めてい
　るが、「東海日中関係学会」の理事でもあり、徐福を通じて日中問題
　にも取り組んでいる。
・赤崎敏男（日本徐福協会事務局長・八女徐福会副会長・筑紫徐福会
　副会長）：韓国語に堪能で、韓国の徐福団体との交流を積極的に進め
　ている。

日本徐福会 （1990年代の日中友好団体としての徐福組織）

　日本で最初の徐福全国組織は、1991年に発足した「日本徐福会」で
あるが、2000年代に消滅した。日本徐福協会とは「協会」と「会」の
違いだけであるが、内容は大きく異なる。現在の日本徐福協会が地域
の徐福会を主体としているのに対し、日本徐福会は会長に巌谷大四氏
（後に早乙女貢氏に交代）、役員に千宗室氏、團伊久磨氏、横山隆一氏、
森繁久弥氏が就任するなど、各方面の日本を代表する文化人経済人を
そろえた。当時会長の巌谷氏によると会の性格は、「日本徐福会は会員
が集まって何かしよう、というのではなく、会員同志が友人となり、
話し合いアジアの親睦をはかる会である。親睦ということが、徐福、
そして徐福会の魂なのである」すなわち徐福を通じての文化人の親睦
会としての性格だ。下の表に示すとおり会員に徐福研究者も加わって
いるものの、文化人や経済人が主体だ。会費は法人会員が入会金 3 万

円、年会費4万円、個人会員が年会費8千円であり大衆組織とは言い難い。発足時の会員数は定かではないが、1991年5月13日に開催された設立発起人会には、代理及び書面出席を含め53名が出席した。

日本徐福会の役員及び顧問 （1991年の発足時）

会長	巌谷大四(日本文芸家協会副理事長) （後に早乙女貢氏と交代)	顧問	安達 瞳子(花芸安達流主宰)
副会長	飯野孝宥(作家)		石川 良彦(四国放送社長)
	奥野利雄(新宮徐福協会理事)		梅原猛(国際日本文化研究センター)
	尾崎秀樹(作家)		相賀 徹夫(小学館会長)
	早乙女貢(作家)		加藤恒久((財)新宮徐福協会理事)
	久武親人(宝塚市元市議会議長)		上林吾郎(文芸春秋会長)
	宮下 長春 (書道家元)		九鬼宗隆 (熊野本宮大社宮司)
常任理事	広岡 純 （日中交流センター代表)		駒田信二(作家)
理事	石川和則(言論教育研究所長)		近藤勇(医学博士)
	石倉昭重(郷土史家)		坂本朝一(前NHK会長)
	大橋一弘(博物館新社代表取締役)		佐治敬三(サントリー会長)
	岡本好古(作家)		徐聖姜(浙江省同郷理事)
	斎藤茂太(作家)		杉浦幸雄 (漫画家協会名誉会長)
	塩小路光孚(篆刻,書道家元)		千宗室(裏千家家元)
	鹿海信也((社)芸団協参与)		田川純三(NHK学園講師)
	菅本フジ子(日本自然塩普及会会長)		竹鶴威(ニッカウヰスキー㈱会長)
	瀧谷節雄 (漫画家)		田沼武能(写真家)
	土屋右二(雑誌編集長)		團伊玖磨(作曲家)
	羽田武栄(化学技術士・工学博士)		陳学全(東京華僑総会副会長)
	三善喜一郎(郷土史家)		勅使河原宏(草月流家元)
	森繁久弥(俳優)		中川順(テレビ東京会長)
	渡部 雄吉(写真家)		中田孝(弁護士)
監査	飯野良子(会社役員)		永山武臣 (㈱松竹社長)
	山田智彦(作家)		西満((財)新宮徐福協会理事)
			服部敏幸 (講談社会長)
			藤本四八(日本写真家協会会長)
			横山 隆一(漫画集団代表)
			吉国一郎(プロ野球コミッショナー)

　設立10周年記念誌（2002年）に、当時の日本徐福会理事長、飯野良子氏が挨拶文を掲載し、下記の実績を記している。

・徐福は日中文化交流の創始者であり、徐福を通じて中国と懇親交流を行った。

・1991年「日本徐福会訪中団」を組織し、中国各地を訪れ交流した。

・設立以来10年間、日本の出版界で徐福の認識が高まり、徐福が取り上げられるようになった。

・17回に及ぶ文化講演を開催した。

　現在では、日本の文化人が徐福で盛り上がることは考えにくいが、この時代の国際的な背景をみればその理由が納得できる。日本と中国の関係は1972年の日中国交正常化後、多くの問題を抱えながらも日中友好ムードは盛り上がった。しかしその後、教科書問題や中曽根首相の靖国神社参拝問題などで中国の対日批判が激化し、学生の反日デモも発生した。さらに1989年6月に天安門事件があり、日本は中国への渡航自粛、駐在員の引き上げ、円借款の凍結など日中関係はさらに悪化するかに見えた。しかし日本政府は中国を孤立させてはならないと判断し、世界各国にも働きかけた。翌7月フランスで開催されたのサミットでは、各国が天安門事件を人権問題としようとする中で、日本が人権を声高に唱えれば、戦争の記憶が消えない中国が反発するという意識が外務省にはあった。結局サミット宣言では日本の提案が通り、「中国が孤立化を避け、早期に協力関係への復帰をもたらす条件をつくり出すよう期待する」とした。（参考文献：朝日デジタル記事「天安門事件、奔走の日本外交　外交文書は語る--平成そして冷戦後へ」2020.12.24）

　その後1991年8月には海部俊樹首相が訪中、翌1992年4月には江沢民総書記が来日し、次いで宮沢喜一政権時代の1992年10月に天皇・皇后両陛下の訪中が実現した。日本徐福会はこのような日中友好の雰囲気の中で1991年に発足したが、その後日中関係は歴史認識、1996年の橋本龍太郎首相の靖国参拝、尖閣諸島問題などで再び悪化した。日本徐

福会は、2002年に設立10周年の記念会報を出版したもののその後活動を停止し、事実上の解散となった。

　この時代の日中の経済状況を見ると、1990年頃は名目GDP（国内総生産）は、日本は中国の約8倍であった。ところがその後、中国経済の発展と日本経済の停滞がつづき、2010年度に中国は日本を追い越し、現在は日本は中国の約3分の1となった。当時の日中友好運動は、「発展途上の中国を支援する」立場であったが、現在は超大国としての中国に向き合う形となる。

日中関係に影響される徐福

　2012年9月は、徐福東渡2222年の記念の年に当たるとされている。徐福伝説が残る中国浙江省象山県で「中国徐福文化象山国際大会」の開催が予定されたが、出発の二日前突然中国の主催者からイベント中止の連絡があった。前月の8月、香港の活動家が尖閣諸島に上陸して沖縄県警に逮捕され、さらに石原東京都知事は日本の実効支配を確たるものとし、灯台や漁業設備を建設するため尖閣諸島を地権者から買い取る準備を進めた。政府は東京都による購入を阻止するため、閣議で「平穏かつ安定的に維持・管理するため尖閣諸島の国有化」を決定した。しかし事前に中国への説明がなかったこともあり、日本の尖閣領有を固定化するとして中国は反発し、9月中国で反日デモが激化した。その影響で象山で予定していた徐福イベントも中止された。中止がどのような経過で決められたかは明らかでないが、反日デモが激化する中での混乱や、参加者の安全などを考慮したものと思われる。

　日本からの参加予定者は、航空券の直前でのキャンセルができなかったので、とりあえず飛行機で上海に向かい、滞在中は中国の徐福研究者と私的な交流を行い、また上海観光等を自分たちで行った。羽田孜元総理の名代として大会であいさつする予定であった次男の羽田次

郎氏（現参議院議員）も、このような混乱の中でも上海に来ていただいた。なお上海では反日デモともすれ違ったが、それほどの緊張感は感じられなかった。ある上海のホテルでガードマンが筆者に「政治的なことはともかく、中国人と日本人は仲良くしなければはらない」と話しかけてきたのがうれしかった。

この徐福国際大会は、象山の休漁期が終わり、毎年行われている漁民が一斉に出航するイベントに併せて計画され、漁船は計画通り出航したが多くのマスコミは「多数の漁船が抗議のために尖閣列島に向かった」との誤った報道がなされた。（写真2：徐福国際大会の案内書に掲載された漁船の一斉出航）

漁船の一斉出航

日中の政治家と徐福

○鄧小平氏

鄧小平氏は1978年、来日して日中平和友好条約を締結したが、この時つぎのように語った。「日本には古くから不老長寿の薬があると言われてきたが、私が来たのもそれを手に入れるためです。不老長寿の薬はないかもしれないが、日本の先進技術を是非持ち帰りたいと思っている」これは徐福の話に例えて、日本の先進技術で経済発展を進めようとするものだ。これに対し新宮市では、鄧小平氏に不老不死の薬として天台烏薬を送っている。これを実際中国に持って行ったのが、前中国徐福会会長で当時人民日報記者の張雲方氏だ。これをきっかけに新宮市の日中交流が始まった。（参考文献：『日中国交正常化50周年記念特別シンポジウム記録集』（2022年9月1日 東海日中関係学会）の「徐福伝説研究からみる中韓日の文化交流史」逸志保）

○習近平国家主席

　習近平国家主席は総書記に就任する前の2014年、韓国を訪れたときの講演で、「かつて徐福が韓国に来た」と挨拶している。2020年に習近平氏は日本に来る予定であったが、新型コロナの影響で延期された。もし来日が実現していたならば、習近平氏は鄧小平氏と同様、徐福に関しての言及があっただろう。「延期」とはいうもののその後習氏の来日の話は聞かれない。現在は日中の関係が悪いと言われているが、2023年11月の岸田首相と習主席の会談など関係改善にむかっており、習主席の来日実現に期待したい。

○羽田孜元総理

　羽田孜元総理の実家の家系図によると、先祖が渡来人伝説のある秦氏であることから、特に徐福関係の活動に協力していただいた。1994年1月に外務大臣として訪中し江沢民国家主席と会談、3月に国会で外交演説を行い、世界の平和と安定のために相互理解と信頼関係の構築が必要であり、国際文化交流の努力が必要であることを表明した。

　総理退任後も2002年連雲港市で開催された徐福国際会議で講演し、その後中国各地の徐福伝承地を訪問した。2009年にも連雲港市を訪れるなど徐福を通じて日中友好を推進してきた。

　なお、羽田孜氏がなぜ秦氏子孫であることを協調するのか、なぜ日中友好を促進するのかについては、第6章(P120〜)で詳しく記載した。

○羽田次郎参議院議員

　羽田孜元総理の次男、羽田次郎氏は羽田孜元総理の秘書を務め、2021年にはコロナ感染でお亡くなりになった兄の羽田雄一郎氏の後を継ぎ、参院議員となられた。羽田次郎氏は、2023年3月に開催された「中国徐福会設立30周年大会」に下記のビデオメッセージを送り、この映像は、中国メディアのネット記事でも報道された。

「東アジア諸国交流の先駆けともいえる徐福が日本に訪れたのは、220

0年以上と云われています。あまりにも遠い昔の話なので、果たして私たちが徐福の末裔かどうかを証明する術はございません。しかし、私の父、羽田孜は、徐福伝説による中国とのご縁によりロマンを感じ、徐福ゆかりの地を訪問し、皆様の研究会に参加し、交流することをとても楽しみにしておりました。

徐福の時代に比べ外交関係も複雑になっていますが、こういう時代であるからこそ、文化交流の機会を持つことは大切です。（以下略）」このメッセージは、中国メディアの電子版でも報道された。（写真3）

羽田次郎議員（中国文化網より）

日中友好とは

日中友好活動を行っていると、「中国政府はけしからん」として批判を受けることが多々ある。これらは「日中友好＝中国政府への支持」というとんでもない誤解に基づいている。しかし「日中友好とは何か」は、人により大きく異なり実は難しい問題だ。本書は日中友好を論じるものではないが、基本的には元中国大使で「公益財団法人日本中国友好協会」の丹羽宇一郎会長の次のあいさつ文に表現されている。「日本と中国は引っ越しのできない隣国で経済的に結びついている。両国には依然として歴史認識や領土などのいくつかの問題があるが、世界第2位、第3位の日中が仲良くすることこそが、アジアひいては世界の平和と安定につながる」

歴史認識の問題は、近現代史だけでく古代史にもある。始皇帝や徐福の先祖が日本人だとするような、明治時代に書かれた偽書を正しい歴史と主張することは、日中友好とは対極にある。（第7章参照）

3 中国と韓国の徐福組織と国際交流

中国の徐福伝承地と徐福組織

　中国にも各地に徐福の伝承地がある。徐福の出身地としては江蘇省連雲港市贛榆区、山東省龍口市の二カ所ある。特に贛榆区金山鎮は、かって徐福村と呼ばれていて、近年徐福の出身地であることが明らかになったとされている。また徐福の出航地とされるところは、河北省秦皇島市、山東省龍口市、江蘇省連雲港市、浙江省慈渓市などいくつかある。これらの地区では1990年代初めごろから、地方人民政府（地方自治体）の支援の基に相次いで徐福会が結成され、台湾を含め中国各地に22の徐福関連団体がある。（参考文献：華雪梅『徐福伝説と民俗文化』2021年）

　これらの各地徐福会の中でも、特に連雲港の徐福会の活動が活発で、毎年のように国際徐福フォーラムを開催してきた。

中国徐福会から「徐福文化」の提案

　中国全体の徐福組織として、1993年に李連慶氏を会長とする中国徐福会が組織され、その後会長は張雲方氏に交代した。張雲方会長は、徐福を伝説としての文化的現象、すなわち徐福が日韓に文化を伝えて交流を行い、また健康長寿のシンボルとされ、人々から敬愛されていることなどが重要で、この「徐福文化」が中韓日の友好、経済発展に役立つとしている。それまでは徐福研究の中身は人により異なり揺れ動いていたが「徐福文化」を前面に出し、方向を明確に示した功績は大きい。日本徐福協会も2016年の発足当時の規約でも目的の一つを「徐福文化の発展」としてきたが、「徐福文化」を具体的に「徐福伝説、徐福祭祀、徐福まつり、文献、文学石碑、絵画など」と明示した。（第3章P54参照）　また「徐福文化」は、世界遺産登録活動にも関連するこ

とであり、これについては「徐福文化の世界遺産登録への動きと国際
協力」の項（P100）で解説する。

　2019年7月、北京で中国徐福会代表者大会が開催され、中国徐福会
会長が張雲方氏から王海民氏に引き継がれた。

中国の徐福イベントを通じて見る中国の政策

　2019年、連雲港市贛楡区
で徐福イベントが開催され
た。中国でのイベントは中
央政府の意向が大きく関わ
ってくる。中国での徐福の
意義は、「中国文明を国外
に伝えた最初の航海家」と
いう位置づけで、さらに最
近は習近平主席の「一帯一
路」の経済政策の中で、徐
福は「海のシルクロー」の
象徴と位置づけられてい
る。このため近年中国で開
催される徐福国際シンポジ
ウムなどでは、日中の経済
交流の促進が主要なテーマ

小学生の出迎え

連雲港と海のシルクロードの物流図

で、徐福研究者の他、経済界からも多数参加している。このような政
府指導で経済を主としたイベントでは窮屈そうな印象を与えるが、徐
福関係のイベントは経済団体とは別に進められ、徐福に関しての研究
は制約を受けることなく、日中韓の三か国から自由な内容の発表が行
われた。

連雲港市は日本人にはなじみが少ないが、徐福の故郷であるとともに大きな貿易港でもあり、中国の対外物流の拠点となっている。贛榆区だけでも人口が120万人、連雲港市全体では人口約500万人で、海のシルクロードの出発点にふさわしい都市だ。

〇日中友好に関する徐福文化の役割
　次の文章は、中国側配布資料の一部で、中国の徐福に関する位置づけがわかる。

　　今から2200年前、秦の徐福は始皇帝の命を受け、大きな船団を率い、大海に乗り出し、東渡した。それは中国から世界を目指し、とりわけ日本や韓国を目指す海上の道を開くものであり、稲作の農耕・冶金・機織り・医薬・航海など、中華の先進的な文明と文化を朝鮮半島や日本列島に伝えるものだった。
　　徐福は、中日および中韓との友好交流の始祖であり、東アジア文明を伝播した人であり、歴史上、文字で記載された最初の偉大な航海家であって、中日韓の人民から尊敬されている聖賢である。

〇「人民日報海外版日本月刊」編集長　蒋豊氏の次の発言は、中国の日中友好に関する立場を明確に示している。

　　1894年以降日本の中国への侵略があったが、日中の友好の歴史は二千年ある。一帯一路に日本は含まれるかについて、二階幹事長は協力するとして日本も加わることになった。日中の共同の記憶はいろいろあるが、戦争だけでなく徐福も、遣隋使遣唐使もある。これからは積極的に日中関係を改善すべき。

　以上は2019年の大会の報告であるが、それから五年近くたった現在、一帯一路は失敗したとの論評がある一方、一帯一路による東西の流通は確実に進展し、成果をあげているとの学識者の研究もある。

張雲法氏と張良群氏の紹介

最後に、日本の徐福関係者との深い交流のある中国のお二人を紹介したい。写真6は2018年11月、京都府与謝野町で徐福イベントが開催されたときに、与謝野町山添町長、町長の息子さんと一緒に撮った写真。

左：張良群氏　右：張雲方氏

・**張雲方氏**：中国徐福会の二代目会長の張雲方氏は元人民日報の記者で、非常に日本語が堪能だ。1978年、鄧小平氏が訪日し日中平和友好条約を締結したが、そのとき人民日報の記者として活躍した。2017年「日本と中華人民共和国との相互理解の促進」に貢献したことにより、外務大臣表彰を受賞した。

・**張良群氏**：元中国徐福会副会長、現在中国徐福会顧問で、連雲港市テレビ局長を勤めた経歴があり、1939年生まれでご高齢であるが、熱心

張良群氏の著書

な徐福研究者で、現在も徐福の各方面で活躍している。徐福に関する著書も多く、2020年、日本での徐福の活動を紹介する『徐福在日本（日本の徐福）』（写真7）が発行された。

韓国の徐福伝承

韓国の徐福伝説は、済州島、慶尚南道の南海郡、威陽郡及び巨済市にある。いずれの伝説も、徐福は韓国を通り日本に行ったとするものだ。日本に行かず韓国に留まった、との考えも見られるが少数だ。日本の伝説と韓国の伝説が整合がとれている理由は、954年に出版された

中国の仏教書『義楚六帖』による
ものと考えられる。（『義楚六帖』に
ついては、第一章P31参照）

神仙に通じる門「訪仙門」

　済州島の徐福伝説は韓国の中で
も特に顕著だ。済州島の中心に火
山の漢拏山がそびえている。この
山も三神山の一つである瀛州と呼
ばれており、山と水の神仙を感じ
る風景は、日本の徐福伝承地と共
通する。ここには「神仙へと通じ
る門」である訪仙門(写真8)がある。

　済州島の海岸に直接落ちる
「正房瀑布」（写真9）は観光地と
しても有名だが、この近くに文字
が刻まれた岩があり、現在は風化
してこの文字は見えなくなったと
のことだ。それを復元した文字を
近くの「徐福展示館」で見ること
ができる。（写真10）　この文字

「徐市過此」と書かれている？

は専門家により解読され、「徐市過此」（徐福此を過ぎる）とのことだ
が、なぜそう読めるのかの情報は得ていない。

韓国の徐福組織と文化交流

金亨受会長

　韓国では、1999年済州島で「済州徐福文化国際交流
協会」が設立され、その後慶尚南道の巨済市、南海郡、
威陽郡に徐福会が結成され、2018年11月、この4団体
によって全国組織である韓国徐福会が設立された。

このなかで「済州徐福文化国際交流協会」の活動が活発で、コロナ前は毎年のように三か国の徐福研究者によるイベントが開催されていた。2016年に開催された徐福イベントの様子を紹介したい。写真11はあいさつする金亨受会長。

済州島には韓国の寺社建築を模した「徐福展示館」(写真12)があり、徐福関係の文物が展示してある。済州島では毎年秋に「瀛洲徐福民俗祭」が行われるが、徐福展示館では宗教儀式を模したイベントが行われる。

瀛州徐福民俗祭

済州島での学術セミナー （2016年）

またこの「瀛洲徐福民俗祭」に併せ「徐福文化学術セミナー」が開催され学術的研究が行われるが、日本からは、愛知県立大学の逵志保氏が参加した。(写真13)

日中韓の徐福交流は研究活動だけでなく、文化交流も行う。2018年10月に韓国済州島で「韓中日徐福国際文化祭」が開催され、ここ

エイサーの中学生たち

で中国や韓国の演芸が上演されたが、日本からは徐福伝承がある宮崎県の中学生によるエイサーが上演された。エイサーは元々は沖縄の「先祖とその子孫を会わせるための太鼓と歌」の供養おどりだが、近年は全国に広がっている。今回の公演も中学生による明るくリズミカルな太鼓と舞で好評だった。写真14は、済州島にある徐福像の前で撮った写真で、右端は、中国徐福会前会長の張雲方さん。「嫌韓」が広がる日本だが、多くの若い人に生の韓国人と交流する機会を設けることは、日韓友好のために有意と感じた。

徐福文化の世界遺産登録への動きと国際協力

　2015年10月、中国連雲港市で開催された国際会議で、徐福の世界遺産登録に向けて三か国の「徐福文化国際研究協議会」を設立することとなった。そのための日本側の受け皿としての組織が必要となり、2016年3月に急きょ日本徐福協会が設立された。そのわずか2か月後の5月 20日、日本側主催による「徐福文化国際研究協議会」が佐賀市で開催された。研究の方向を巡って、日本側は、伝説、伝承を中心とした研究を行うべきと説明したが、韓国側からは、古代国家の建設や徐福が伝えたという織物などの研究から、歴史として徐福を解明すべき、との主張がなされた。

　この会議で韓国側から、数年後にも徐福の世界遺産登録が実現できそうな発言もあったが、今振り返ってみると日本側も韓国側も「世界遺産」に至るプロセスの理解が不十分であった。中国側からは、「徐福文化遺産は有形なものもあるが、無形文化遺産でもある。いきなり世界遺産は困難であるので、まず無形文化遺産（中国語では非物質文化遺産）から始めるのがいいとの提案があった。結局この会議では議論は進まなかったが、意見の違いがあぶり出されたということで有意義だった。

　なお当時韓国には徐福の全国組織はなく、韓国全体の意見が集約されているわけでない。実は韓国の徐福組織の多くは世界遺産登録にあまり熱心ではない。筆者は後日、韓国で有力な地方組織である、済州徐福文化国際交流協会の金亨受会長に、「何で韓国は世界遺産に取り組まないのか」と尋ねたところ、「世界遺産はトップダウンで行うことではなく、市民に支えられて行うものであり、今はその状況にない」とのことだった。確かに世界遺産の登録手続きは、国内法（文化財保護法）での整備が必要であり、そのためには市町村レベルからの積み上げが求められる。金会長は、元済州島の西帰浦市長であり、さすがに行政的観点から冷静に見ていると思った。日本徐福協会もその後、中国徐福会の提案である、「いきなり世界遺産を目指すのではなく無形文化遺産を目指す」が現実的な選択でありこれに同調した。

　「徐福文化国際研究協議会」は、その後活動を停止し自然消滅した。協議会の運営は問題点も多くあったが、現存の日本徐福協会はその過程で生まれ、世界遺産への課題が明らかになり、結果的に大きな成果を得られた。以上複雑な経過を短くまとめたので理解しにくいと思われるが、歴史の一コマとして記録を残すこととした。

　2019年10月、中国連雲港市で開催された「徐福文化と海上シルクロード国際フォーラム」で、主催者（中国徐福会）から、「徐福文化の発展のために、国際的な研究機関を設立して中日韓で研究と交流が必要であり、このために徐福文化研究共同体を設立したい。」との提案がなされた。具体的には、事務所を北京に置き、中国徐福会と連雲港徐福会の共同運営とする、定期的な勉強会と、二年に一回の大規模なイベント開催を行う、徐福文化の国際機関（ユネスコ等）への申請などを行う、とするものだ。以上の提案に各団体が賛成することにより、設置手続きが始まるようだ。署名した団体は、当日の会議に出席した中国の 7 団体、韓国の 7 団体。日本の 6 団体（日本徐福協会と国内5団体）。しかし翌年からの新型コロナの流行により、国際会議は開催できる状

況ではなくなり、その後の国際協力の進展はないが、中国は個別に国内法による無形文化遺産登録の活動を進めている。

　2023年5月、中国連雲港市贛榆区で久しぶりの国際フォーラムが計画されたが、日本での中国ビザ取得に長い時間がかかるなどの障害がありこれも延期された。

参考：徐福の世界遺産とは

　ユネスコの「世界遺産」とは、正確にはユネスコ世界遺産条約によるもので文化遺産と自然遺産の二種がある。この他、ユネスコ無形文化遺産保護条約による「無形文化遺産」、ユネスコ事業による「世界の記憶」がある。この三つを含めて通称で「世界遺産」と言われる。

　「徐福を世界遺産に」という場合、当初は世界遺産の「文化遺産」をイメージし、徐福の墓や徐福の宮などの建造物が想定された。しかし現存するこのような徐福関連の建造物は、世界遺産登録に相当する価値があるとは言い難く困難が予想される。そのため中国徐福会から、当面は狭義の世界遺産ではなく「無形文化遺産」（中国語では「非物質文化遺産」）を目指すことの提案があった。日本徐福協会もこの提案に同意し、当面無形文化遺産を目標とすることとした。無形文化遺産は伝説や民間信仰、行事などを対象とするもので、中国ではすでに国内法で地域の徐福文化が非物質文化遺産の指定を受けるなどの整備が進んでいる。

　（参考文献：世界遺産総合研究所『世界遺産ガイド』2014年）

欧州人の徐福研究者

　徐福の国際交流と言えば日中韓の間だが、ヨーロッパにも徐福研究者はいる。デンマーク人のクリスチャン・ムーリエ・ハブレヘド氏（写真15　中国名黄思遠）で、イギリスの高校、大学で中国の歴史、哲学、経営学を学び、その後中国で20年間働いた。また彼はバイキングの末裔で、海の冒険家でもある。

ハブレヘド氏

ハブレヘド氏は2023年夏、徐福の東渡ルートに沿って手漕ぎボートで中国を出港し日本に来る計画を立たが、手続きの関係でこの年は断念した。しかし2024年春現在、この年の実行に向けて準備を進めてい

る。計画では徐福出航の伝説がある中国浙江省寧波市象山県を５月末に出発し、６月上旬九州に到着し、徐福伝説がある佐賀市、鹿児島県いちき串木野市、宮崎県宮崎市と延岡市等を経由し終着点は新宮市となる。（写真16）（地図では済州島を経由しているが、安全性などを考慮し寄らない予定）なお彼はすでに中国人と手漕ぎボートで大西洋を横断した実績がある。

　使用するボート（写真17）は徐福の時代の船を再現したわけではないが、中国大陸から海流を利用しながらも人力で来ることができることの証にはなる。古代、徐福という固有名詞はさておいても、渡来人が朝鮮半島だけでなく中国大陸からも直接日本列島に渡来して稲作などの弥生文化を築いたことは、近年の考古学から有力な説とされてい

中国から九州、四国を経由し新宮への計画航路

手漕ぎボート

る。この面からも興味が持たれる。

　過去にも徐福東渡を再現しようした冒険家がいる。イギリスの生化学者・科学史家であるジョセフ・ニーダム（1900-1995）は、徐福はアメリカに行ったと考え、それを実証しようと過去に二人の探検家がアメリカに船で向かった。1974年にクノブルは香港からジャンク船で、1993年にはティム・セブリンはベトナムから竹筏で出港したが、二隻とも太平洋中部で沈没し救助された。今回のハブレヘド氏の計画は、中国本土から日本を目指すもので、徐福関係では初めての試みとなる。

（参考文献：ハブレヘド氏のHP）

第4章 まとめ

・日本各地の徐福伝承地では徐福会を組織し、研究活動や行政と協力してイベント等を行っている

・徐福は日中友好のシンボルとされており、日中友好の役割を果たしている。

・1993年、日本の著名な文化人が日中友好を目的とした「日本徐福会」を組織したが、その後日中友好ブームが去り消滅した。

・2016年、各地の徐福会や個人の徐福研究者により「日本徐福協会」が組織され、現在に至っている。

・中国と韓国にも徐福伝説や徐福研究団体があり、三か国は文化交流を行っている。

・三か国が協力して、徐福文化を世界遺産に登録する動きがあるが進展していない。

第5章　徐福伝説の発生要因
―熊野文化・修験文化としての徐福伝説―

1 徐福伝説の発生要因と熊野文化

徐福伝説の発生要因

　熊野地方の中心地である新宮市は、鎌倉時代の文献からも徐福の祠があったことが確認でき、佐賀と並び日本を代表する徐福伝承地であるが、ここの伝説の成立要因は何か？　逵志保氏著『徐福伝説考』では、「新宮市誌」の記述や、新宮市立歴史民俗資料館長（当時）の故・奥野利雄氏の話から、熊野の徐福伝説は次の四つの要素が長い年月のあいだに反応しあってできたものだとしている。
① 有名な史記についての記述
② 熊野付近に、中国の船が何度も流れ着いた記憶
③ 修験道などが盛んな紀伊半島の宗教的な風土
④ 中国を崇拝する気持ち

　この中で、③の修験道が最も重要な点だとしている。『徐福伝説考』の記述は熊野に関してあるが、全国各地の徐福伝承地を見ると熊野と共通する要素があり、この4つの要素について改めて考察する。

① 有名な史記についての記述

　漢の時代の司馬遷が書いた歴史書である『史記』は、日本でも古くから教養の書として読まれている。その中の「徐福が多くの童男童女と供に東方に旅立ち、さらに平原広沢を得て王となって戻らなかった」の記述から、「その地はどこだろう」が興味の対象となり、特に江戸時代に学者、宗教者、さらに一般庶民を巻き込んで議論さ

れてきた。

② 熊野付近に、中国の船が何度も流れ着いた記憶

　　熊野地方は海流と地形の関係から、古くから大陸の船が漂着した。熊野以外の各地徐福伝承地も同じような外国船の漂着地や来航地が見られる。徐福伝説のある八丈島では、多くの外国船の漂流が江戸時代の記録に残されており、近年では9.11の津波で流され三陸の漁船も、海流にのって太平洋を一周して八丈島に漂着している。

③ 修験道などが盛んな紀伊半島の宗教的な風土

　　徐福の時代の神仙思想は日本では修験道に引き継がれた。熊野地方は修験道の聖地だが、熊野以外の地域でも各地の水と山の神仙が感じられるところに徐福伝説が見られる。

④ 中国を崇拝する気持ち

　　日本人は古来中国から文化を受け入れ、江戸時代までは基本的には中国文化を崇拝する気持ちが強かった。稲作、製鉄、養蚕などの先進文明も、中国から徐福が伝えたと考えて崇拝の対象となった。

熊野文化

　　③の「修験道などが盛んな紀伊半島の宗教的な風土」とは何なのか？

　　熊野とは紀伊半島南部を指す地域で中心地は今の新宮市だ。ここは古代から現代に至るまで特異な信仰の聖地であった。その中の宗教的な核が熊野三山の速玉大社（新宮市）、本宮大社（田辺市）、那智大社（那智勝浦町）であり、修験道の中心地として栄えた。熊野地方を旅をすると実感するが、ここは太古の巨大カルデラが作り上げた山、川、

神倉神社の巨石（ゴトビキ岩）

滝、巨岩などが奇怪な景観を形作り、信仰心のない者でも神を感じるところだ。山水の神は神仙に結びつく。このような背景で、熊野は山岳信仰、修験道の聖地となり、その文化は全国に伝播していった。

　慶応大学の鈴木正崇名誉教授によると、熊野には古代から現在までの聖地の連続性を支える次の四つの力があると言う。

　a　自然への畏敬と信仰に基づく聖地への求心力

　b　聖地から各地への伝播に関わる遠心力

　c　聖地の担い手である宗教的職能者の媒介力

　d　聖地に及ぼす社会政治経済の変動に伴う統制力

この4つを徐福伝説に関連付けると次のようになる。

　a　熊野の「自然への畏敬」は山と水が織りなす山水の雰囲気から来ている。徐福の肩書きも「山と水の神仙思想」である「方士」だ。また地方の徐福伝承地の多くは、「ミニ熊野」と言うべき、山水の風景があり神仙を感じるところが多い。

　b　熊野から地方への遠心力は、全国に熊野系神社が4776社（三山協議会資料による）あることからも明らかだ。徐福伝説も熊野から全国に伝わったのかどうかは定かではないが、地方の熊野系神社のいくつかに徐福伝説が見られる。

　c　熊野の宗教的職能者として、僧侶・神職・修験者、御師、先達、比丘尼などの例を挙げている。地方の徐福伝説に関して言えばその地方の熊野系寺社の職能者となる。

　d　熊野は時代と共に庇護者が変わってきた。江戸時代熊野は紀州藩の領地となり、藩主の徳川氏が新宮に徐福の墓を建立するなど、紀州の徐福文化を築いた。他の地方でも多くの徐福伝説が江戸時代に成立しており、経済力をつけた旦那衆（庇護者）の役割も大きいだろう。　（参考資料：鈴木正崇講演資料「熊野の歴史と信仰」2020年12月朝日カルチャーセンター新宿）

2 地方の熊野文化としての徐福

江戸の熊野文化と徐福

　現在の東京都心は都会化して地形の起伏は感じにくく、神仙の熊野
とは無関係に見えるが、このようなところにも色濃く熊野文化がある
ことを紹介したい。

　東京都北区に熊野関連の王子神社、熊野神社、紀州神社がある。平
安時代末期この地を支配し、紀伊国の守護も務めた武士団の豊島氏が
この土地を熊野三山に寄進し、荘園化したことから熊野との結びつき
が深まった。明治時代の神仏分離以前は、王子神社は若一王子社、王
子権現と称した。元来「王子」というのは、熊野権現の御子神である
とされており、熊野古道に沿って多数存在した社で、参拝者の休憩所
の役割を果たしていた。東京の王子神社に残されている絵巻「若一王
子縁起絵巻」（写真2、写真3　東京国立博物館提供）には船に乗った徐福
が描かれている。（現物は火災で失われ複写）

若一王子縁起絵巻

若一王子縁起絵巻（拡大図）

　王子神社と隣接して、江戸時代からの花見で有名な飛鳥山がある。
ここには以前飛鳥明神の祠があり、飛鳥明神は新宮の阿須賀明神（現
在の阿須賀神社）を分社したものとされている。新宮の阿須賀神社の
境内には、徐福之宮が祀られている。（第3章P66参照）

　（参考資料：飛鳥山博物館『近くて遠くの熊野　中世熊野と北区展』）

　東京にはこの他、都庁舎の近くの新宿公園に熊野神社があるが、室町時代ここに熊野三山より十二所権現を移し祀ったと伝えられる。江戸時代には池や滝のある広大な敷地を有しており、周辺には多数の茶屋ができて賑わったという。明治以降敷地は縮小され跡地は浄水場となり、現在は東京都庁などの高層ビル街となった。今でも熊野神社は歌舞伎町を含む新宿の街の総鎮守ということであり、熊野文化の影響が大きいことがわかる。（参考資料：熊野神社案内書）

富士山と相模の徐福文化

　富士山と連続する相模（神奈川県中西部）の丹沢山地には、図1に示すとおり点々と徐福伝説が存在する。ここの山岳地域は修験道の活発だった地域だ。この地の徐福伝説は次のとおり。

図1　富士山・相模の徐福伝承地

① 山梨県富士吉田市：徐福がツルになった伝説。徐福の墓など。
② 山梨県富士河口湖町　波多志神祠（河口浅間神社内）：徐福の子孫は秦氏で、江戸後期には境内に、徐福とされている秦大明神が祀られていた。

③ 山梨県山中湖村長池の伝説：長池の地名は長生きに因み、イチョウの巨木の根元には羽田家の先祖とされている徐福が埋葬されている。

④ 山梨県道志村の伝説：徐福は童男童女を使わし、富士山から大山にかけての山々に仙薬を探したが見るけることができず500人の童男童女はここに土着した。（『神奈川県伊勢原町勢志』1963年による）

⑤ 神奈川県相模原市緑区　唐土大明神由来書：日本に来た徐福が、中国から持ってきた始皇帝の像を藤野の鷹取山に納めて去った。

⑥ 神奈川県秦野市蓑毛　宝蓮寺大日堂縁起書：秦の始皇帝に殺されそうになったインド僧を徐福が助けたが、そのときに徐福がインド僧から仏像をもらった。その何年か後に、始皇帝の子孫がその仏像を日本に持ってきて相模の国に安置した。

⑦ 神奈川県藤沢市藤沢　福岡家墓誌：先祖は徐福で、富士山から秦野に移り住み福岡は徐福の一字をとったもの。

　参考として次に、神奈川県伊勢原町（現伊勢原市）地誌を転記する。この地誌は、富士山と相模の連続した山並みに点々と徐福伝説があるのは、山岳修験に関連があると推測している。

参考：『伊勢原町勢誌』（1963年）第10章 修験道の発達と文化
**　　　（一部抜粋）修験道の発達**

　高山は修験者や僧侶の行場となり、しかも未開の深山が好んでその修行場となった。相模国でもその中心は大山であったが、その背後に続く丹沢山が行場となり、さらに富士山へと連なる広範囲の山岳信仰を考えなければならない。山岳修行した行者は祈雨・止雨・疫病退散などをまじない一般民衆からも非常に尊敬されたのである。　　　（略）

　大山の山岳信仰に関連して山梨県の道志村に残る伝説で「秦の徐福が蓬莱山なる富士に不老不死の仙薬があると聞き及び、五百人の童男童女をつかわして求めたけれども得ること難く、たとへ幾とせついやそうともこの秘薬を手にいれぬうちは帰国をゆるさずと厳命した、やむなく五百人の使者は土着して相州大山までの連山を訪ね探して秦野に移住し、御正体山・地蔵ケ岳・薬師岳・丹沢山から大山を神仏に祈り探して、この地を蓬莱山と呼んだ、しかしめざす神薬は遂に見当たらず、五百人の男女はここに帰化してしまった」というのがある。これは伝説的な興味をもっており、歴史にどれだけの資料を与え得るは疑念があるが、中国から宗教が伝来したことはうかがい得

る。この徐福についての伝説は和歌山県の熊野地方にあるので、おそらく修
行の大中心道場である熊野の山伏たちにより、全国各地に流布されたもの
で、山岳信仰と同時に帰化人の山間定住の示唆を与えるものであり、さらに
は大山から丹沢山塊、富士山を結ぶ一連の山岳修行にも関連を保つものと推
察される。　　（以下略）

そのほかの徐福伝承地と熊野文化

　これまで紹介した東京・富士山・相模以外の全国の徐福伝承地の多
くも、地方の修験道寺院であったり、山水豊かな神仙が感じさせると
ころだ。修験道研究者の長野學氏は、『図説日本の仏教　6神仏習合と
修験』（1989年新潮社）のなかで、「日本国内における徐福の渡来伝承
が九州筑紫山地の金立山（佐賀県）、熊野（和歌山県）、富士山など、
修験道にかかわる山にめだつことは、修験道に神仙思想が受容されや
すかったことを物語っている」と指摘している。全国の徐福文化の紹
介は既に第4章で行っているが、熊野文化や修験道からの観点で改め
て徐福文化を見ていこう。

① 九州北部

　佐賀県から福岡県にかけての筑紫山地の、佐賀県佐賀市、伊万里市、
武雄市、福岡県筑紫野市、八女市にかけて徐福伝説が点在している。
特に佐賀市には豊富な徐福伝説があり、徐福伝説の中心は金立山中腹
にあり徐福を祀る金立神社だ。徐福が描かれている「金立神社縁起図」
では神仏習合の信仰の様子がわかる。地元研究者によると、この地は
修験道の活発な地域で、佐賀県内、福岡県八女市等の徐福伝説の根は
同じだろうとのことだ。

② 鹿児島県いちき串木野市

　江戸天保時代に薩摩藩で編集された『三国名勝図解会』には、「徐福
は不老不死の霊薬を求めてこの地に来たが、熊野へ行ってしまった。
徐福が冠を埋めた山が冠嶽となり、地元民はここに熊野権現の祠を建
てた」と記されている。ここは神仏習合の修験道寺院であり、江戸時

代は薩摩の修験道場の中心として隆盛を極めた。

③ 宮崎県延岡市

　延岡市にある「今山」は、かつて「蓬莱山」と呼ばれており、そこに立つ仏教寺院は「蓬莱山今山大師」であり、近くには「徐福岩」があった。また数キロ先には、修験道の聖地であった行縢山がある。行縢神社のHPによると、当社は秀麗な山と荘厳な滝を御神体として、養老二年（西暦718年）紀州熊野大社の御分霊が奉祀され、現在も祭神の一柱として熊野三山と同じ速玉男命を祀っている。

④ 京都府伊根町

　ここには、徐福を祀る「新井崎神社」があり、ここからは、海の中に「沓島」と「冠島」という二つの島が見える。神仙思想では、修行を終えると、沓と冠を残して肉体を消滅させ、仙人となるという。また、この近くには、不老不死伝説の浦島太郎伝説、天女が万病に効く酒を造るという羽衣伝説あり、神仙を強く感じさせる地域だ。

　（参考文献：瀧音能之・三舟隆之『丹後半島歴史紀行』2001年河出書房新社）

⑤ 秋田県男鹿

　江戸時代の紀行家、菅江真澄が記録したスケッチと文の中に、「徐福塚」が描かれている。この場所は現在赤神神社の一角であるが、当時は巨大な修験の寺院「永禅院」の敷地内であった。

⑤ 青森県中泊町小泊

　尾崎神社には、徐福像とされる秘仏が保管されているが、この神社は江戸時代は修験道の飛竜宮であり、背後の権現崎全体が修験道の聖地であった。ここに秘仏として徐福像が祀られているが、地元の研究者によると熊野修験の尾崎一派が持ち込んだものであろうとしている。

3　神仙思想・修験道と徐福

徐福と神仙

　多くの徐福伝承地が修験道や神仙の地にあることを見てきた。ここで徐福伝説と修験道の関係を改めて考察したい。

　徐福は秦の時代の「方士」である。方士の技とは、神仙・医薬・保健・摂生など長寿に関することである。「神仙」は神の山を崇めることにより、不老長寿をめざす。神の山は、泰山であったが、その後東方の海中にある蓬莱、方丈、瀛州ということになった。この神仙思想は、後に成立した道教の基本的な思想となって受け継がれていく。簡単に言えば、神仙とは後の道教の思想であり、日本では修験道に受け継がれた。(池上正治『徐福』より)

修験道の成立

　修験道とは、原始山岳宗教をもとに、仏教・道教・神道・陰陽道などの諸宗教が習合して形成された日本の民族宗教であり、古代末から中世期にかけてしだいに組織化され、近世初頭には天台系の聖護院門跡を頂点とする本山派、真言系の醍醐寺三宝院門跡及び正大先達を頂点とする当山派の二派が確立する。この本山と当山両派は、役 小角（役 行者）を開祖と仰ぎ、大峰山系（熊野三山・大峰山・吉野山）を修行の根本道場とし、全国的な組織化を展開した。

　役 小角は『続日本紀』に7世紀末の人物として登場し、神仙の特性である深山・飛行昇天能力・仙薬・長寿など、神仙思想の特性を持つが、伝説的な記述であり史実はよくわかっていない。修験道に対しては学術研究者でもいろいろな考えがあるようだが、修験道の中心は仏教であり、神仙思想が中心にあるわけではなく一つの要素ということ

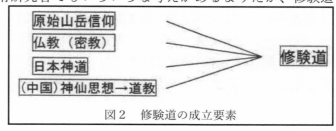

図2　修験道の成立要素

だ。そのため徐福伝説も修験道の教義にあるわけでない。徐福伝説が熊野三山地域の中で新宮だけにあり、新宮でも熊野三山の熊野速玉大社には徐福伝説が認められず周辺地域にあることを見れば、徐福が直接修験道の中にいないことが納得ができる。

（参考文献：宮本袈裟雄『里修験の研究　続』岩田書院2010年）

修験者とは？

　修験者は山々を駆け巡り修行をして験力を獲得し、宗教的な活動を行うイメージがあり、辞書にもそのように書かれている。徐福伝承地に修験道関係地域が多いことから、「徐福伝説は、熊野の修験者が全国を巡り伝えたものではないか」とも言われてきた。しかしこのような修験者のイメージは中世のものであり、徐福伝説の多くが江戸時代に成立したことから、徐福伝説と修験道の関係を考える場合は江戸時代の修験道がどうであったかを見る必要がある。

　江戸時代になると幕府の指示により山伏（山岳修験者）の形態が変化し里山伏（里修験）が主流となる。すなわち山中で修行するのではなく、里で行う病の治癒や薬の販売などの仕事をしており、一般にイメージする修験者とはずいぶん異なる。

　なお江戸幕府は、放浪し治安を乱す浪人や修験者を取り締まりの対象とした。海老名市教育委員会令和5年発行資料「高札　特別公開」によると、相模の門沢橋村（現海老名市内）に残る文化9年(1812年)の高札には、迷惑をかける浪人や修験者がいたら捉えるので、陣屋役所に通報するように書かれている。流浪する修験者は、心身を清める崇高な存在ではなく厄介者扱いされている。

参考：里修験とは

　村人へ祈祷や呪術・宗教的活動をおこないながら、村の一員として村人とともに生活している修験者のことを指す研究上の用語・概念である。

　修験者なのだが、山岳修行を重んじない。山岳修行をあまりしないのにどうして修験者なのかと言えば、実際に中央の修験教団や地方修験霊山の支配を受けていたこと、また、本来山岳修行・遊行を旨とする修験者の世俗化し定住化した姿であるとみなされていることによる。そうした支配状

況（表面的な一局面）、定着化の理論（実証されているわけではない）のフィルターをはずして眺めるならば、村人とともに暮らし、村人に最も身近な、様々な活動をおこなう民間宗教者と言える。
『修験道入門』（2015年　岩田書院）中の久保康顕「第10章　里修験の活動と組織」）より

修験者の集落　相模国蓑毛

　具体的に、徐福伝説がある相模の蓑毛（みのげ）（神奈川県秦野市）の修験者について見ていこう。修験道の聖地であった大山（おおやま）への登山口は、現在はケーブルカーがある伊勢原市が主だが、江戸時代、蓑毛はこれとは別の大山への登山口で、ここに御師の集落があり、大山詣（もう）での人たちに宿泊場所の提供や道案内を行ってきた。

　『新相模風土記』によると、ここの御師は江戸時代以前は大山を拠点とする修験者であったが、慶長10年(1605年)、家康の命令で下山させて師職（御師）（おし）となった。その後幕府は「大山寺法度」（おおやまでらはっと）を制定し、相模の僧侶への管理を強化した。なぜ家康は山岳修験を定住させ、修験者への管理を強化したのか？　戦国時代後期、相模は小田原北条氏に支配されたが、小田原と蓑毛は直線で約20kmの距離だ。蓑毛の御師の家に戦国時代の北条氏からの文書が残されているが、内容は山中での兵糧の運搬等の担い手の募集であり、山岳地帯の戦で修験者が関わっていたことがわかる。また一般的に戦国時代の修験者は忍者として諸国の情報収集などを行っていたとされる。その後秀吉の小田原攻めで北条氏が滅亡し、関東は家康の領地となり、さらに家康は関ヶ原で勝利して天下をとった。北条配下だった修験者を放っておけばいつ敵に回るかもしれず関東の支配が脅かされる。そこで家康は修験者の定住化を命じ、山岳修験者は「里修験」にされ、現在の蓑毛の集落はその一つだ。（参考文献：『秦野市史研究第10号』（平成2年）の鈴木章生論文「相模大山信仰の成立と展開」）

江戸時代に、蓑毛の集落内にある大日堂の由緒書きが書かれたと考えられ、そこに徐福が登場する。この時代の領主は、蓑毛の住民に大日堂に対する寺役（寺への役割）を定めるなど、大日堂は蓑毛の中心であったことがわかる。これにより徐福伝説と修験道の関わりが分かるわけではないが、修験者の集落内の中心となる寺社で徐福が登場する由緒書きが書かれたことは事実となる。

（参考文献：西海賢二『大山・富士信仰』2008年岩田書店）

相模国藤沢の墓誌

　第4章(P61)で紹介したが、東海道の藤沢宿内（神奈川県藤沢市）に妙善寺があり、ここの福岡家の墓誌に「先祖は徐福で、富士山から秦野に移り住んだ。福岡の姓は徐福の福からとったもの」と記され、日付は天文23年（1554年）となっている。この年は武田、北条、今川が上杉、徳川、織田に対抗するため甲斐・相模・駿河の三国同盟を締結した年で、秀吉の小田原北条攻めの36年前だ。福岡家が秦野のどこに住んでいて何をしていたか、いつ何のために秦野から藤沢に移住したのかはわからない。藤沢は山岳地帯から離れているなど、徐福伝説の発生要素は見られない。妙善寺自体も元来は密教寺院であったが、1280年に日蓮宗に改宗しており神仙的な要素は見当たらない。そのためこれは藤沢の徐福伝説というよりは、福岡家が持ち込んだ富士山と秦野の徐福伝説といえる。

徐福伝説の伝播者は誰か？

　いままで述べてきたように、全国の徐福伝説は、熊野や修験道と深い関係が考えられるが、その関係はどのようなものであるかは解明できていない。修験道の中心地である熊野には古くから徐福伝説が存在し、その規模も大きい。また全国の徐福伝承地も熊野系神社

や、修験道と関わりのある地域が多い。そのため、徐福伝説は熊野の修験者が全国に伝えたのではないかと推測され、前述の『伊勢原町勢誌』(P110)でもそのように記載されている。しかしこの考えも次の理由で矛盾が多い。

・熊野三山地域で徐福伝説があるのは、新宮に限られる。

・新宮の中でも、中心となる速玉大社や、修験の道場であった神倉神社には徐福伝説が認められず、新宮の神社で徐福と関連を持つのは、昭和61年に阿須賀神社境内に再建した「徐福之宮」だけである。

・地方の大規模な修験道寺社である羽黒山、静岡県側の富士山麓などには徐福伝説は確認されず、伝説を有するのは中小規模の寺社である。

・修験道の教義は密教仏教が主であり、道教的神仙思想が中心にあるわけではなく、修験道関係の古文献にも徐福は現れない。

・徐福伝説の内容は、地方によりバラバラで、熊野の中央から全国に組織的に伝播したとは考えられない。

　以上の状況から、新宮の修験者が全国各地に徐福伝説を伝えたとするのは無理がある。

　筆者は2016年、修験道研究の第一人者の宮家準先生と話をする機会を偶然得た。そして教えていただいたことは、「熊野の修験僧は、全国に布教に回ることはなかった。また熊野修験の原典にも徐福は登場しない。徐福伝説は熊野の修験者が伝えたのではなく、各地から熊野に来た人たちが地元に伝えたのだろう」とのことだった。

　ここで改めて熊野と地方との関係を見てみよう。中世では熊野詣でを行うのは「旦那」といわれる当時の領主などの実力者たちであったが、時代が下がると旦那も大衆化して村落の住民に移っていく。

この旦那を熊野まで道案内するのは、「熊野先達」と言われる地元の修験者で、宿泊の便宜、道中の精進潔斎の作法までの指導した。彼らは修験者とは言うものの山での修行はあまり行わず、村人とともに生活していた。一方「熊野御師」とは、熊野三山に在住し、先達が引き連れてきた檀那との間に師檀関係を締結し、熊野での宿泊や祈禱などの役割を担う修験者であり、熊野の御師が地方に行って旦那を世話や、熊野先達を管理していたのではなく、それぞれが独立組織であった。　（参考文献：学習院大学人文科学研究所『人文』 熊野参詣の衰退とその背景 2016年3月）

　以上のような江戸時代の熊野詣でや修験道の状況から、当時の徐福伝説成立の様子が推測できる。徐福伝説は熊野から組織的に発信されたのではなく、地方の裕福な旦那衆が里修験となった熊野先達の道案内で熊野詣でを行い、熊野で徐福伝説に接してこれを地元に持ち込み、それぞれが徐福伝説を形成したことが考えられる。

　それだけではない。江戸時代は、「徐福ブーム」により、宗教者だけでなく学者や一般庶民も巻き込んで徐福論争を繰り広げた。徐福の情報は出版物によって拡散し、民衆の興味の対象となった。各地の旦那衆や宗教者はこれを独自に解釈し、各地に徐福伝説が生じたのではないだろうか？　このような理由で、地方によりばらばらな徐福伝説になったと考えられる。

第5章まとめ
・熊野の徐福伝説の発生要因として、修験道との関連が指摘されている。
・熊野は修験道の中心地であり、また濃厚な徐福伝説が存在する。
・全国の徐福伝承地も、熊野文化や修験道との関係が認められる。
・熊野の修験者が徐福伝説を全国に伝えた、との見方もあるが矛盾も多い。
・全国各地の多くの徐福伝説の成立が江戸時代であるので、この時代の宗教的環境を考える必要がある。
・各地の徐福伝説は一貫性がなく多種多様であり、中央宗教教団の直接の影響は認められず、各地の宗教者、民衆、旦那衆などにより独自に発生、発展したと考えられる。
・修験道は徐福伝説の一つの要素ではあるが、他にも江戸時代の文化など、様々要因を考える必要がある。

徐福の船団は東の海に旅立ち、ついに陸地を発見。
（中国慈渓市徐福研究会発行『徐福東渡的故事』より）

第6章　秦氏と徐福

- オカルト的徐福とその背景 -

1 オカルト的徐福

徐福はユダヤ人なのか？

　徐福を歴史として取り扱うグループの一部は、アマテラスやスサノオなど神話の神々を実在した人物としてアレンジし、その中に徐福を登場させて古代史を創作している。さらには徐福

2011 年発行書籍の表紙の一部

や始皇帝は中国人でなくユダヤ人などの西アジア人とし、日本人は始皇帝や徐福一行の子孫で先祖はユダヤ人だとしている。このような言説はまともな根拠はなく、通常の徐福研究者は無視しているが、徐福に関する出版物（写真1）やインターネットの多くがこのような観点で徐福を語っており、一般の人の徐福観にオカルト的イメージを与えている。徐福全般を見るという本書の目的のために、この問題を整理しその背景を明らかにしたい。

　日本徐福協会は伝説など「徐福文化」を研究対象としており、オカルト的徐福とは関わらないが、筆者の周りにいる何人かの研究者からこのようなオカルト言説を聞いてきた。しかし人により温度差があり、

「史実かもしれない」程度の淡い期待を持つ人が多数だが、極端なオカルト色が強い人もおり、次の傾向が見られる。

・古事記・日本書紀に記載されているアマテラスやスサノオ、神武天皇を実在の人物として歴史を創作し、「学術研究者は真実を語らない」として批判する。

・徐福や始皇帝は中国人ではなく、実はユダヤなどの西アジア人だとし、さらには日本人の先祖や日本の文化も西アジアに源流があるとし、中国文明の影響を否定する。

・宮下文書（第7章参照）などの偽書を、「隠された真実の歴史が書かれている」として自分の主張に取り入れる。

・古代の日本には、中国を上回るすばらしい文化があったとする。

日本人の祖先は西アジア人なのか？

　日本人がユダヤ人の末裔だとする「日ユ同祖論」は20世紀初頭から見られるが、近年一部の徐福研究者はこれをアレンジして、秦氏や徐福一行がユダヤ人だとして、これが日本人の先祖だとしている。『徐福と日本の神々』（2016年彩流社）によると、「徐福の行跡（チャネリング情報による）」として次のように書かれている。

・日本は、シュメール純血統系（徐福、物部一族、出雲族）、ペルシャ系（大和朝廷、蘇我一族）、ユダヤ十支族系（藤原一族）などが合わさった民族的に複雑な国なのである。

・日本は世界の雛形で、1万6千年前文明の発祥地となり、シュメール、エジプト、古代イスラエルに散らばった民族が、一万六千年後に日本に帰還した。

・秦の始皇帝は、現在のカザフスタン「弓月国」出身。つまりシュメール、ペルシャ系末裔の一人であった。

・徐福とは、ジョフク、エジプト名で言えばジョセル、ヘブライ語で

はヨセフ、つまりヨシアという意味になる。

　徐福をジョフクと読むのは漢字の日本語読みであり、中国語の発音は「シーフー」で全く異なる。これだけ見ても地名や人名の語呂合わせなどを根拠に話を進めていることがわかる。いずれもまともな根拠がないことであるが、問題はなぜこのような発想が生まれるのかだ。これは「日本人の先祖は東アジアではなく中近東からであり、日本の文明発祥は、中国よりはるかに古く高度」であり、日本の中国文明の影響を否定したいためだ。さらに遡れば、1万6千年前に日本から世界に散らばった民族が、秦氏や徐福一行を通じて日本に戻って来たとし、常に日本民族を世界の中心に置くというものだ。

　なお「チャネリング」とは、「特別の能力を用いて霊的・精神的な世界と交流し，そのメッセージを一般人に伝えること。（以下略）」（出典　ブリタニカ国際大百科事典　小項目事典）

　すなわちこれらの徐福の情報の根拠は、霊的・精神的世界と交流して得たものということで、全くのオカルト世界の話である。しかしこのような言説が一部の古代史研究家から支持を受け、また図書館にもこのような徐福本が多く並んでいるのが現実だ。

ユダヤ同祖論の歴史

　ユダヤ人は世界史の中で特異な民族として扱われてきた。20世紀初めにロシアの秘密警察により、ユダヤ人が世界征服を狙っているという陰謀論の偽書『シオン議定書』が書かれた。この陰謀論はユダヤ人を悪者とする見方であるが、一方プロテスタント福音派の一部など、キリスト教シオニストと呼ばれる一派はユダヤ人に好意的で、エルサレムの土地をアブラハムの子孫に永久の所有として与えられたとしており、現代でもアメリカ政府のイスラエル政策に大きな影響を与えている。

　現代の「ユダヤの失われた支族の一部が日本にきた」と言う日ユ同祖説の原点は、20世紀前半の酒井勝軍（かつとき）の言説ということだ。八雲族（やくも）は、ヤクブ、出雲族はエドムの発音が変化したもので、日本の天皇家の血筋もイスラエルとむつびつけられる。日本ユダヤ同祖論は、日本がアジア侵略を始めたことに生まれたもので、日本の文明の原点はアジアではなく西方にあると言いたいためだ。21世紀の現在にそれが復活したのは同じ理由からで、「嫌いな国の中国」から日本に文明が伝えられたことが耐えられないからだ。そのためユダヤ人である秦氏や徐福一行が日本人の祖先となった、という言説に発展した。

　なお日本人ユダヤ人同祖論は、戦前から複雑な過程を経て語られてきており単純な話ではないので詳しくは関係文献を参照願いたい。（参考文献：『近代の偽史言説』2017年勉誠出版　第3部「同祖論の系譜」）

カルト・オカルトと徐福

　カルトはオウム真理教事件のとき問題になったが、2022年7月の安倍元総理の殺害事件を契機に再び議論されるようになった。カルトとは、ジャーナリストの江川紹子氏によれば、「自分たちの信念を絶対視し、それに基づいて人権侵害そのほか、反社会的な行為をする団体で、巧みに他者の心を支配し、しばしばほかの考え方を敵視する」（「朝日デジタル」2022年7月21日より）

　徐福関係では、「富士山麓に超古代の帝都があり、そこに徐福が来て宮下文書（第7章参照）を書いた」ことが正しい歴史であるとの主張は、反社会的な問題が発生していなければカルトとは言えないが、現代の科学ではとうてい認められないことを信じているので、オカルトと言える。伝統宗教の神道やキリスト教にしても、古事記や聖書を読むと超自然的な内容もあり、それを史実と主張すればオカルト宗教であるが、科学が未発達の時代の人間に教えるためのたとえ話だと解釈すれ

ばオカルトにはならないだろう。しかしオカルトとカルトは明確に線引きできるわけでなく、次項に示すようにオカルトがカルトに進む例もある。

参考：オカルトとは

　オカルトとは、カルトに丁寧語の「お」を付けた語ではなく、超自然的、超科学的な現象を指す。元来は否定的な言葉ではないが「悪魔払い」のような悪いイメージがあり、「オカルト徐福」は適切な言葉ではないかもしれない。中村圭志『亜宗教』（2023年集英社）では、オカルト、スピリチュアル、疑似科学、陰謀論などの「宗教によく似ているが伝統的な宗教ではない現象、言説」をまとめて「亜宗教」という用語を提案している。宮下文書が正しいとするオカルト的徐福論も神々の存在、霊的な言説等宗教的な側面と、考古学などの学術的体裁を取るなど疑似科学の要素があり「亜宗教」の言葉が適切と考える。しかしこの言葉はまだ一般化していないので本書では「オカルト」を使うが、今後「亜宗教」の語が普及することを期待する。

オウム事件と徐福

　オウム事件は、2019年7月に13人の死刑が施行されたが、なぜこのような事件に至ったのかの解明は不十分だとされている。麻原彰晃はオカルトに興味を持ち、雑誌『ムー』の1985年11月号に『竹内文書』に関連してハルマゲドン関連の記事を投稿している。『宮下文書』（第7章参照）も読んでいたようで、宗教学者で中央大学教授（当時）の中沢新一氏が本の対談記事で次のように語っている。

　「麻原彰晃が上九一色村（かみくいしき）を選んでいるということは、『秀真伝』（ほつまつたえ）とか古史古伝の問題が絡んでいると思います。麻原彰晃の座右の書というのは、『虹の階梯』という本と、『富士宮下文書』つまり富士超古代文明についての文章です。」（『それでも心を癒したい人のための精神世界ガイドブック』（1995年太田出版）より）

　『虹の階梯』というのは対談者の中沢新一氏自身が記したチベット密

教の修行の解説書であり、麻原彰晃は仏教書とオカルト書をミックスさせて独自のオカルト論理を形成させたようだ。

インターネットの複数の記事では、「富士山麓にサティアンと呼ばれる基地を作ったのは『宮下文書』に影響され、神都建設のためだ」とされている。この記事の根拠ははっきり示されていないが、麻原彰晃の座右の書が『宮下文書』であるならば、十分ありうる話だ。なお『宮下文書』と徐福については第 7 章で考察する。

偽史の信奉者が反社会的なカルトとただちに結びつくものではなく、オウム真理教は特殊な例ではあるだろう。しかし現代のオカルト徐福は、一見考古学など学術的な体裁をとりながら、「徐福が書いた宮下文書」の古代における神々と天皇の活躍を史実とし、学術者は史実を隠しているとして批判することは危うさを感じる。

なお、オウム真理教と「古史古伝」との関係は、原田実『偽書が揺るがせた日本史』（2020年出川出版社）に詳しい。

参考：古史古伝とは

一般に正史（『古事記』や『日本書紀』など）ではない宮下文書などの歴史書を言い、歴史学界からは偽書とみなされている。正史とは国家により公的に作られた歴史書であり、正しい歴史という意味ではない。古史古伝の信奉者は「学術研究者は古事記・日本書紀を正しい歴史としている」との批判しているが、「正史」の意味を取り違えた、とんでもない誤解だ。

偽書とは、筆者や時代を詐って書かれた書。古事記・日本書紀も正しい歴史ではないが、編集の時代や編集者を詐っていないので偽書とは言わない。宮下文書は近代に書いたものを、古代に徐福が書いたとしているいるので偽書となる。

学術研究として偽史

宮下文書のような古史古伝を支持する側はもちろん、批判する側にも学術研究者はいなかった。学術研究者が「古史古伝」を「偽史言説」として無視してきたのは、根拠のない言説に付き合っても研究のプラスとならないからだ。偽史の研究を続けたのは、在野の研究者たちで

あり、原田実氏、藤原明氏等の研究は、学術研究者からも高く評価されている。

　しかし近年、歴史的根拠がない『江戸しぐさ』が学教教育に取り入れられたり、偽書である『東日流外三郡誌』が村発行の歴史資料に収録されるなどの問題が発生、学術研究界も偽史言説を近代日本、現代日本の重要な一部を映す鏡として研究に参画し、2015年11月、立教大学日本学研究所主催で公開シンポジウム「近代日本の偽史言説　その生成・機能・受容」が開催され、神代文字や、ユダヤ同祖論などを現代の問題としてとらえて「古史古伝」も含めて論じられ、偽史研究の大きな転換点となった。

第6章、7章の偽史問題に関しての参考文献

・『近代日本の偽史言説』（小澤実編）の「序章　小澤実」及び「第4章長谷川亮一著「日本古代史を語るということ」）
・『日本の偽書』藤原明著　2004年　（株)文藝春秋
・『偽史と奇書が描くトンデモ日本史』原田実監修　2017年　（株)実業之日本社　（原田実氏の著作は、この他『別冊歴史読本』の記事など多数ある。）

2　秦氏と徐福・始皇帝

秦氏とは

　秦氏は古代豪族の渡来系氏族で、養蚕、機織り、酒造などの産業と深い関わりを持ったとされている。渡来人というのは、朝鮮半島や中国大陸から日本に移り住んだ集団であるが、文献的には朝鮮半島からの渡来であり、秦氏が中国系と言うものの、朝鮮半島を経由しての渡来とされる。しかしだれがどのように渡来して秦氏が成立したかについては解明されていない。羽田氏は、発音が同じ秦氏が変化したものとされる。なお羽田、秦ともハタとハダの読み方がある。

　徐福一行の子孫が秦（羽田）氏を名乗ったとする伝説は、羽田姓が多い富士山麓に古くから見られる。（第1章P31参照）　地元の研究者によれば、この地に徐福の時代より後の時代に秦氏を名乗る渡来人が入植したが、それが徐福伝説と結びつけられたと推測している。（参考文献：羽田武栄『真説徐福伝説』2000年三五館）

　日本の歴史で代表的な渡来人である秦氏が、同じ渡来人の徐福一行と結びつき伝説が生じるのはむしろ自然なことであり、これ自体はオカルトではなく文化としての現象だ。しかし徐福から千年以上後に書かれた文献は歴史資料として使えるものではない。

参考：古代渡来人系の有力豪族

　秦氏とは、秦の始皇帝を始祖とする弓月君（ゆづきのきみ）の子孫と称し、5世紀応神天皇の代に渡来したとされ、淀川中流から京都盆地にかけ勢力を有した。養蚕・機織技術を伝え、秦部（はたべ）を統率し、6世紀以後大和政権の財政事務を担当した。また長岡京・平安京造営にも活躍した。秦河勝が京都太秦（うずまさ）に建てた広隆寺は有名。　（『旺文社日本史事典　三訂版』による）

　学術者は秦氏をどう見ているのだろうか？

「学説的には、秦氏の祖を秦の始皇帝の末裔とする説、秦の亡命民とする説、古代朝鮮語のパタ＝海に由来する説などさまざまである。どの説も決め手に欠けるというのが実情である。しかし全国の秦氏を同一氏族と考えることは無理があり、地域毎ごとにルーツを探る必要がある。ただ大きな把握の仕方としては、大和朝廷が渡来人を受け入れる際に、中国の有名な王朝である秦・漢になぞらえて秦氏・漢氏（あやし）と分類した可能性は大いに考えられる」（中村修也『歴史読本　古代豪族の正体』2011年8月より）

　すなわち秦氏は、血族ではなく、渡来人集団が中国王朝の名を名乗ったのではないか、ということだ。いずれにしても秦氏が始皇帝の子孫であるとする根拠は薄い。

秦氏はペルシャ人やイスラエル人なのか？

　始皇帝を西アジア人だとする根拠として『史記』には始皇帝の鼻が高く、目が長く、胸が突き出していると書かれ、それは西洋人であることを表しているとしている。しかしこれだけの文面から始皇帝が西洋人などとはとても言えるものではない。

　秦国は紀元前9世紀初め、黄土高原の西の端で小国として生まれ、そこを起点として600年という年月をかけて徐々に東へと領土を広げ、始皇帝の時代に中国を統一した。近年、秦国の都の、雍城など発掘調査が行われており、古墳からは金石文字も見つかっている。これらの陵墓からの出土品を見ても、中国の文字や中国の楽器（鐘）、鐘に彫られた鳳凰の図柄など漢民族そのものであり、ペルシャやユダヤ的要素はない。始皇帝鼻が高い、などから西洋人を思わせる特徴は、秦の発生した地域が西域に接していたので、胡人との混血の可能性はあるかもしれない。だからと言って秦の文化が中華文明であることの否定にはならない。（参考文献：『秦の始皇帝と兵馬俑展：辺境から中華へ"帝国秦への道"』共同通信社　2000年）

　また、前漢の書物（戦国策・秦策）に、始皇帝の父が始め、「異人」と名乗っていたと書かれていることから、始皇帝も外国人だなどと主張する言説も見られるが、中国語の「異人」には外国人という意味はなく、非凡な人、一風変わった人、仙人などという意味である。中国語と日本語は同じ漢字を使い理解しやすいが、中国語文献の漢字は日本語の漢字の意味が異なるものもあることを注意すべきだ。

始皇帝と徐福は同族なのか？

　始皇帝が徐福の東渡の要望を受け入れたことや、徐福一行の子孫が秦氏を名乗ったとされることから、ある徐福本に、始皇帝と徐福は同族だ、と書かれている。この根拠として、『史記』の「秦本紀」の項に、

「秦王（始皇帝が統一する前の地方国家としての秦）の姓は嬴であり、嬴の子孫が各地に分封し、子孫が徐氏を名乗ったとしている。しかし『史記』の原文を読むと、分封した姓は徐だけでなく黄姓、江姓、白姓など13もある。中国で現在も一般的な姓も含まれており、徐姓はそのうちの一つにしかすぎない。『史記』には徐福は単に「斉人」としての説明しかなく文献的にも説明できない。始皇帝徐福同族論はどう見ても無理筋であるが、この言説は本章の始めに示したように、「始皇帝も徐福一行もユダヤ人で、それが日本人の祖先となり、日本人や日本の文化の源は、中国や韓国であってはならない」という考えから強引にこじつけられたものだ。

3　羽田孜元総理と秦氏

羽田元総理と徐福と世界平和

　羽田孜氏は長野県出身で1994年第80代内閣総理大臣に就任したが、少数与党となり総理としては短命に終わった。長野県の羽田元総理の実家に残る系図には、「秦始皇帝之遠孫泰川勝苗裔」とあり、先祖は聖徳太子にも仕えた渡来人の秦河勝とされる。羽田元総理はこの系図から中国に縁があるとして日中友好に尽力し、徐福の活動に理解を示して中国での徐福イベントに参加し講演するなどしていただいた。しかし羽田元総理は単に日中友好だけを叫ぶのではなく、細川内閣の外務大臣としての演説（1994年3月4日国会演説）に見られるように、発展途上国の困難を克服するためには、世界の平和が不可欠とするなど国際平和を求めてきており、徐福関連の活動は国際平和活動の一環と位置づけられる。

　羽田元総理は2017年8月、82歳でお亡くなりになられたが、葬儀の

礼状には、綏子夫人、長男雄一郎氏、次男次郎氏の連名で、次のよう
に書かれている。

　お寄せいただきました御香志の一部を「二度と戦争の惨禍を引き起こし
てはならない」「世界・人類はひとつ」との、故人の強い思いからみずか
らも設立に携わった「特定非営利活動法人　難民を助ける会」の支援に向
けさせていただきましたことをご報告させていただきます。

　難民救済問題はウ
クライナ戦争でマス
コミに報じられてい
るが、戦乱の続いた
アジアでも過酷な歴
史があり、難民問題
は今に始まったこと
ではない。古くから
難民支援に取り組み、
世界平和求める羽田
一家の気持ちが伝わる一文だ。

羽田元総理と中国の子ども達（張暁暉氏撮影）

　2002年10月、羽田元総理は北京で開催された徐福国際会議に出席し、
その後徐福伝説のある江蘇省連雲港市贛榆県（かんゆ）（現在は贛榆区）を訪れ
た。贛榆県にかって徐福村と呼ばれた村があり、ここが徐福の故郷だ
とされている。写真2は徐福村で地元の子ども達の歓迎に会ったとき、
写真3は羽田元総理が揮毫（きごう）した小学校の看板。

羽田元総理が揮毫した中国慈渓市の小学校の看板

オカルトに利用される羽田元総理

　羽田家の系図では先祖が秦氏であることから、ネットや怪しげな歴史本には羽田元総理の先祖をユダヤ人とするようなオカルト記事が多く見受けられる。下記の画像4は、はネット記事の一つ。

故・羽田元首相は古代イスラエル「失われた10支族」の末裔だった！ 学者から明治天皇まで支持…「日ユ同祖論と秦氏」の真実

4

　いままでにも示したとおり、秦氏がユダヤ人とするような根拠は薄弱で、まともに相手にするようなことではないかもしれないが、このような記事は羽田元総理が秦氏であることを強調する意図と全く異なる。本人自身が著した秦氏との関係の講演用論文を以下に紹介するので、なぜ羽田孜元総理が秦氏であることを強調するのかを理解していただきたい。

羽田元総理講演論文

　2007年10月、中国連雲港市贛楡県（現贛楡区）で開催された徐福フォーラムで、羽田元総理は「日本における秦（羽田）姓と私」の講演を行い、羽田の家系に関して話をしている。「系図がそのまま正しいなどと信じられるものではないが、自分の先祖が中国、韓国と関係があるだろうということを大切にして両国との友好を深めたい。」というのが結論だ。羽田元総理の考えを理解していただくために、少し長くなるが本人が書いた講演論文を、次ページに資料として全文掲載する。

日本における秦（羽田）姓と私

（2007年10月26日　中国贛楡県での講演）

　（羽田孜）

　この度は幸運なことに、徐福さんの郷里・贛楡において徐福祭りに参加できただけでなく、徐福文化国際シンポジウムに出席し、講演のチャンスをいただきました。関係者の方がたにまず心からの御礼を申しあげます。

　あたえられたこの機会に、私は自分の姓の変遷をたどると同時に、自身のルーツを考えてみたいと思います。

その起源は徐福の時代に

　中国では紀元前10世紀、周の時代すでに人びとは姓をもっていたそうですね。これは私にとって大きな驚きです。なぜなら日本では一般の人が姓をもつようになったのは、19世紀の明治維新からのことです。それ以前から　姓をもっていたのは、ごく一部の貴族や武士などだけでした。

　私の場合、姓は羽田Hata、名は孜Tsutomuです。この羽田という姓は、もとを正せばじつは奏、秦の始皇帝の秦だったのです！　日本語では、奏はshinないしhataと読み、秦と羽田とは同じ発音なのです。

　中国には「家譜」があるそうですが、日本には「家系図」があります。長野県の和田に私とごく近い親戚の者で、羽田計樹さんがいます。今年89歳、とてもお元気です。中国でこれまで開かれた徐福のフォーラムやイベントにはほとんど参加していますので、この会場にもご存知の方がいらっしゃることでしょう。

　長野の羽田家には家系図があり、その冒頭には「秦始皇帝之遠孫泰

川(河)勝苗裔」と書かれているのです！ われら羽田一族のルーツは、なんと二千数百年前、中国の秦代にあるというのです！ これは自分でもにわかには信じられない話です。

　会場の皆さんは、日本にある徐福の墓のことはご存知でしょう。和歌山や三重、山梨などの各地に、いくつも徐福さんの墓や祠があるのです！ 複数の墓があるあたりに、古代日本における徐福一行の大きな影響を見てとることができます。

　いちばん有名な徐福の墓は、和歌山県の新宮にあります。その墓には、「秦徐福之墓」と刻まれています。徐福さんは、「秦朝の人」だったのです。始皇帝の命を受けて、不老の霊薬を探しに船出した徐福の一行は、いわばロイヤル・ミッションだったのです。「秦」という 御旗はきわめて強力であり、それに逆らえる者などいなかったはずです。

日本史上にみる姓の変遷

　さて羽田の家系図のトップにいる秦河勝ですが、6世紀末〜7世紀初、日本の歴史上に実在した人物です。彼は当時の山背国(いまの京都府南部)を中心にして大きな勢力をもち、聖徳太子の側近として活躍しました。

　聖徳太子(574〜 622)は、用明天皇の皇子として生まれ、女帝・推古天皇(聖徳太子の叔母にあたる)の摂政となり、当時の日本を中央集権化させ、法治化する基礎を作りました。遣隋使が何度も派遣され、百済や高句麗から高僧が招かれたのも、この頃のことです。

　当時の日本の上層部には、仏法をめぐる対立があったようです。仏法に反対しやや保守的な一派と、仏法を推進しやや開明的な一派です。両者の争いが、ときに武力衝突にまで発展することがありました。聖徳太子は後者に属し、アジア外交に熱心であり仏法を興隆させたことで有名です。

　わが遠先の秦河勝はこうした矛盾をはらむ状況のなかで、開明的な聖徳太子を擁護するという立場でした。以下いくつかの現在にまで残

る例をあげ、それを明らかにしたいと思います。603年のこととされますが、聖徳太子が一体の仏像を秦河勝にあたえ、寺院を造るように命じました。それが峰岡寺、いまの広隆寺です。この寺はかつて秦寺とよばれ、その一帯の地名が太秦でした。現在広隆寺には有名な弥勒菩薩半跏像(国宝)があり、その近くに秦河勝の夫妻の像があります。所在地は京都です。

　奈良市の田原本にその名も秦楽寺があります。その白い門構えからして、いかにも 唐風を思わせます。本堂の釈迦像のすぐ横に、衣冠束帯という姿で笏をもった秦河勝の像があります。その表情はいかにも厳粛で、「われは仏法の守護神なり」とでも語っているかのようです。この秦楽寺には秘仏ですが、歓喜天があるそうです。

　大阪の人尾市でも、秦河勝を「発見」しました。大聖将軍寺の一帯は、聖徳太子や秦河勝らと、仏法に反対する勢力が激しく戦った場所です。「首級をあげた」とか「矢が当つた」などという戦跡が、いまも残っています。大聖将軍寺の境内の説明には、勝者にも敗者にも多くの犠牲者があり、それらを等しく弔うために創建されたと、書かれていました。この寺院の絵物語である「縁起」には、聖徳太子を中心にして、それを左右から守護する四天王が描かれています。その一人である秦河勝がひときわ大きく描かれているのは、この激戦における彼の役割りを明示しているものと思われます。

　ところで日本の古代史には、「渡来系」とか「渡来人」という 表現があります。渡つてきた人、という意味です。秦河勝もまた「渡来」です。その源が中国大陸だつたのか、 あるいは朝鮮半島だったのか、その時代が徐福の時代だつたのか、聖徳太子の時代だったのか、正直な話私にもよく分かりません。明らかなことは、わが羽田の一族の血脈の源がアジアの彼方にあり、それが日本に根づいたという歴史的な事実です。

　そうした日本の歴史のなかで、秦という姓が羽田に変わる事件があ

りました。これに関しては羽田の家系図から、次のようなことが分かります。1554年(天文23年)、秦幸清が戦に破れて自決しました。いまの長野県でのことです。その後は秦を姓とすることが許されず、同音の羽田を姓としたのです。しかしいまなお長野の羽国家には「秦陽館」という横額があり、わが一族の「秦」姓にたいする想いを示しています。

　渡来の秦という一族は、きわめて優れた職能集団だったようです。治水・機織・醸造・芸能など、大陸ないし半島の先端的な技術や文化を、日本列島に伝えました。それはちょうど徐福集団が農耕や冶金など当時の先進的な技術や文化を、縄文時代の日本に伝えたのと同じ構造です。日本には血脈のシンボルマークともいうべき家紋があります。秦および羽田の家紋は「ちがい鷹の羽」であり、時空を越えて同じ血脈であることを証明しています。

私自身の個人史を簡単に

　ここからは私、羽田孜のことを話します。曽祖父の羽田三郎は長野県の和田村で村長などをした「政治家」でした。祖父の貞義は、福島県の師範学校(いまの福島大学)の校長となった「教育者」でした。わたしの父・武嗣郎は、東北帝国大学(いまの東北大学)を卒業するとすぐ新聞記者になり、ときに「政治的」な行動もしました。1937年、総選挙に長野県から出馬し、35歳の若さで国会議員となりました。その2年前、1935年(昭和10年)に私は生まれましたが、場所は東京です。

　その私が生まれた東京の家は、じつは母の伯父の家でした。屋敷は大きく、広い庭には梅林があり、川が流れていました。しかし戦況がしだいに悪化し、東京にも空襲の危険があるというので、学童たちは地方へと移住することになりました。それが疎開です。私は長野県の上田市にあった坂井さんの家に疎開しました。

　都会の子供は、腕よりは口舌に自信があります。地方の子供は、口舌よりは腕に自信があります。昔はそうでしたが今もそうでしようか？
　東京から 長野に疎開した私は、よく「東京っ子」とからかわれて、

負けると分かっていてもケンカをしました。ケンカをすれば、それからは仲良しになりますよね。やがて長野の腕白たちと野山をかけ回り、小川で遊ぶようになり、私の体力も平均以上となりました。とは言え当時の日本では、大人も子供もきわめて貧しい食事しかできず、お菓子などは無縁でした、ほとんど。

敗戦(1945年)後、父の武嗣郎は公職から追放されましたが、上田市で新聞事業を起こすなどして、元気に活動していました。そんな父親の姿を見ていた小学生の私は、国語の時間に「これからは、平和な国、国民として戦争のない世界をつくろう。紛争のない世界を建設しよう」という 作文を書き、それが校内で放送されました。

「孜くんは、さきざき父のあとを継ぐのだろう」と 周囲の大人たちは語っていたそうですが、私にはもっと大きな夢がありました。それは、「世界連邦をつくり、その盟主になる！」 というものでした。

やがて父が政界に復帰し、東京にもどる日がやってきました。私も自動的にそうなり、成城学園という高校に通うようになりました。1952年（昭和27年）の ことです。さらに成城大学の経済学部に進みます。じつは小学や中学からのことなのですが、私は交友関係がひろく、誰とでもよく話し、困った者がいれば面倒をみて、友だちの家によく泊まりました。そんな私に「伝書鳩」というニックネームがついたほどです。

この「伝書鳩」は大学生になっても健在で、同窓会の名簿づくりでは中心的な役割りを演じました。また、ハンガリーから亡命してきたF・アジャゴスさんが成城大学に留学しようとした際、その受入れに関して、学長を説得したのは大学3年生だった私です。ただしそれには「必要な資金を、君たちが集める」という条件があり、アジャゴスさんの留学資金を集めるために、仲間たちと奔走もしました。大学時代の私自身は、勉学よりも活動に忙しかった、というのが実感です。勉学として収穫があったのは、ゼミで開発途上国の開発理論について勉強し

たことくらいでしょう。

　こうした小学生から大学までの「伝書鳩」的な集団行動は、思うに広範かつ堅固な人脈づくりに役立ったかも知れません。こうした人間関係の構築は、その後の人生で政治家としての人生を歩むうえで、大きな財産となったようです。大学を卒業してからのことは、時間の関係もあり、箇条書きのようなものになります。

　大学卒業とともに、1958年（昭和33年）、小田急バス(株)に入社。十年間、普通の サラリーマンをやり、車掌も、定期券売りもやつた。

　1969年（昭和44年）、父が病で倒れて5年後、周囲から説得され、長野3区から出馬、初当選して衆議院議員となる。所属政党は自民党。

　その後、農林水産大臣や大蔵大臣、外務大臣などをへて、1994年（平成6年）、第80 代内閣総理大臣となる。所属は新生党。この前後から日本の政党は離合集散をくりかえしますが、私は、新進党副党首、太陽党党首、民政党代表をへて、現在は民主党最高顧問をしています。

東アジアの共存と調和

　ここまでは漢詩にならい、起(姓の起源) 承(歴史の変遷) 転(個人の履歴)と話してきましたがが、いよいよ「結」に入る時間となりました。

　私たち羽田のルーツに関しては、すでに「起」のところで家系図を紹介しました。それには、「秦始皇帝之遠孫」とありました。じつはもう1つ 、わが羽田のルーツに関する話があります。すなわち秦の始皇帝が派遣した集団の一部の末裔に、秦武文という人物がおり、彼は後醍醐天皇(14世紀)に仕え、その秦武文の子孫が戦国時代(16世紀)に信州 (いまの長野県)にやってきた秦幸清だ、というものです。

　16世紀の秦幸清がわが羽田の祖先であることは間違いありません。ところが、徐福は紀元前3世紀、秦河勝は6世紀、秦武文は14世紀の人間です。ここで正直な話をすれば、それ以前の秦河勝や徐福との血脈の関連については、残念ながら物的証拠がなくよく分かりません。そ

れらを直線的につなげるのはある意味では無理があり、いささか非論理的なことかも知れません。

　しかしながら私は、日本で徐福の話を聞くたびに、またこうして中国に来て、徐福ゆかりの地を訪れ、皆さんと面談する時思わず、自分の血が熱くなるのを覚えます。わが遠祖はやはりアジア大陸のかなたから、あるいは船団を組み、あるいは朝鮮半島を伝わって東方に渡来して、日本列島で生存をつづけてきたのだと、そう実感するのです。これはあくまでも主観的なことですが、私は、自分の感性を信じたいと思います。

　徐福さんの足どりを見ると、中国、韓国朝鮮そして日本です。中国徐福会の初代会長をされた李連慶先生の言葉を借りれば、徐福は中国で生まれ、韓国を経由して日本に到り、そこで死にました。この東アジアの3国　には、過去の一時期、不幸な歴史がありました。ひとりの日本人として、私はこれを重く受けとめます。

　同時にこの３国が共有する話題として、徐福さんのことを想起すれば、この歴史的な遺産をこれまで以上に大切にしなければなりません。互いに学びあい、平和的に共存し繁栄するという徐福精神を発揮して、まずは東アジアにおいて相互に調和するという関係を構築していこうではありませんか！

　これで私の話を終わります。謝謝大家（みなさんありがとうございました。）

2007・10・26　中国贛楡

第 6 章　まとめ

・徐福研究者には、始皇帝や徐福をユダヤ人だとするようなオカルト的研究も多い。

・オカルト徐福は学術研究を否定するなどの危うさがある。

・徐福と秦氏を結びつける伝説は古くからあるが、そこからイスラエルなどを結びつけるのは無理がある。

・羽田孜元総理は秦氏の子孫の系図があることから、ユダヤ人の子孫とするような言説もネットや書籍で見られる。

・羽田孜元総理自身は「始皇帝子孫であることは証拠がなく無理があり、非論理的なことかもしれない。しかし主観的には先祖は中国から朝鮮半島を経由して日本に来たと実感し、徐福文化を東アジアの友好と平和に役立てたい」としている。羽田元総理の真意を歪曲すべきでない。

第7章　徐福が書いた？「宮下文書」の真実

― 徐福は皇国史観なのですか？ ―

1 宮下文書（富士古文献）の概要

『宮下文書』とは

　明治の中頃、富士山麓の明見村（あすみ）（現富士吉田市）の当時宮司を務めていた宮下家で膨大な古文書の存在が明らかになった。古文書は一般に『宮下文書』と呼ばれるが『富士古文献』とも言う。古文書は一つの書物ではなく、写真1のように多くの巻物の集合体で、内容は古代や中世の歴史を含む雑多な文書

宮下文書（巻物）

だが、そこには数多くの驚くべき内容が書かれている。これによると古代日本の都は富士山麓 高天原（たかまがはら）、現在の富士吉田市にあり、アマテラスやスサノオなどの神々も地上の人間としてこの地で活躍していた。徐福は孝霊天皇の時代にこの富士山麓に来て、神代文字（日本の古代にあったとされる独自の文字）で書かれた歴史書を当時の現代語に翻訳して後世に残したとされている。

　宮下文書で一貫して主張しているのは、この世の始めのときから富士山麓の高天原（現富士吉田市）が世界の中心であり、さらにここの政治的文化的な中核となるのは阿祖山太神宮であることだ。このようなことは根拠がある話ではないが、これが正しい歴史を反映していると主張する徐福研究者もいる。

　なお筆者は宮下文書の古代史の部分は解読したが、中世以降の部分は読んでいない。そのため本書で「宮下文書」としているのは、正確には「宮下文書の古代史が記された部分」となる。

　宮下文書を写真製本した『神傳富士古文献大成』七巻が、1986年（昭和61年）2月八幡書店から発行され、地元や東京の一部の図書館で閲覧することができる。

　神奈川徐福研究会では、筆者も参加して宮下文書の古代史部分の文字データ化と現代語訳を進めてきたが、その一部を製本して2023年12月『対訳　富士古文献－徐福が記録した日本の古代－』（彩流社）を発行した。本書の解説文によると、この本に掲載した宮下文書は「500以上あるといわれている古文書のうち約100の古文書の翻訳を終えた」としているが、この100というのは、宮下文書のうちの古代史部分であり、さらにその100の内の一部しかこの対訳本に記載されていない。翻訳を終えた100は、全て対訳をデジタル化しているので、宮下文書研究の進展のためには何らかの形でこれを公開すべきと考える。

『神皇紀』とは

　三輪義熙氏は明治26年、現在の富士吉田市にある都留郡公証人役場に赴任して宮下文書を知り、古代史部分を解読してダイジェスト版として執筆し、大正10年『神皇紀』として出版した。宮下文書の古代史には多くの矛盾した物語があるが、神皇紀ではこれらを取捨選択して一つのストーリーを作り上げている。そのため実際は『神皇紀』は宮

下文書のダイジェスト版ではなく、「宮下文書を基に三輪氏が執筆した歴史物語」ということになり、これを読んでも宮下文書を理解したことにはならない。なおこの神皇紀は神奈川徐福研究会が現代語訳を行い、2011年に『現代語訳神皇紀』（今日の話題社）として出版した。

『宮下文書』は何が問題なのか？

　宮下文書に関しては、歴史を反映しているかどうかに焦点が当てられるが、偽史であることはすでに多くの研究者が言及しており、本章では簡単に触れるだけとする。問題なのは宮下文書が現在でも皇国史観の立場に立つ研究者の支持を集め、正しい歴史として出版物やネットなどにより拡散し、さらには日中友好を看板に掲げる団体までもが「徐福が書いたと信じる」と公言している。文献の真偽を吟味することは古文書研究の基本であり、古文献を信じることを前提とするならば研究ではなく宗教となる。

　大正10年に『神皇紀』が発刊され、当時の新聞社は全国紙、地方史を含め、その皇国史観をこぞって絶賛している。例えば新愛知新聞の記事では「仏教の悪化を受けない神代の記録は非常に立派なものである」としている。日本の宗教は長く神道と仏教の習合であったが、「神道は仏教に悪影響を受けたが、宮下文書は仏教の影響を受ける前の時代の記録ですばらしい」と言っている。しかしその理由は宮下文書が仏教の影響を受ける前でなく、明治政府による神仏分離後に書かれたものだからだ。（参考文献：『富士文庫』大正15年）

　現在の富士吉田市域で、明治時代の廃仏毀釈はすさまじく、北口本宮冨士浅間神社でも仏教系の護摩堂、鐘楼、梵鐘などがことごとく破壊されている。宮下文書の書かれたのは、廃仏毀釈を生み出した皇国史観の時代背景がある。

『宮下文書』の経過

　次の表は宮下文書関係の経過であるが、『宮下文書』本文及び『財団法人富士文庫』の報告書の記述であり、史実かどうかは別問題。

紀元前3世紀 *1	孝霊天皇の時代、徐福が来日し神代文字で書かれた歴史書を翻訳。その後も徐福の子孫などにより、古代日本の歴史が記される。
その後、古代の時代 *2	何度か転写され、また富士山噴火により罹災、写本は相模寒川神社に移転。その後も時の支配者により何度が焼却されるが、写本が残った。宮下家の先祖は日本の中心の神社「阿祖山太神宮」の神職であったが、「阿祖山太神宮」はその後社名の変更があり、また富士山の噴火などにより分散、衰退した。富士吉田市大明見にある小室浅間神社は、「阿祖山太神宮」の末裔としている。
文久3年 (1863年) *3	宮下源兵衛が14歳のとき、隣家から火災発生。姉が天井の垂木に結びつけてあった「古文書」が入った箱を外に持ち出す。
明治5年	小室浅間神社が大明見村の村社として格付けされる。
明治16年 (1883年) *4	福地八幡旧社明神の祭典の時、宮下源兵衛と神官宮下荘斉の二人で箱を開けたが、その後再び封印。
明治19年	小室浅間神社を「富士山北東本宮小室浅間神社」と改称。
明治22年 (1889年)頃	宮下源兵衛氏は村内の桑原玄叔等と研究を始めたが、再び封印。
明治26年 (1893年)	愛知県の三輪義煕氏が、現在の富士吉田市にある都留郡公証人役場に赴任。宮下文書を知り、研究を始める。
明治36年 (1914年) *5	三輪義煕（よしひろ）は、宮下文書に書かれている護良親王（もりよし）の御首級に関する事跡を明治天皇に上奏。
明治39年 (1906年)	三輪義煕は富士元宮浅間太神宮（現小室浅間神社）が社格を以て祭られていないことを嘆き、その事跡を明治天皇に上奏する。
	三輪義煕は、宮下文書に書かれている富士山と富士本宮浅間太神宮の太古からの事跡を富士史として世に公にし、また天覧に供した。

明治42年 （1909年）*6	小室浅間神社が「神饌幣帛 料 供進神社」（しんせんへいはくりょう）の指定を受ける。（地方公共団体から例祭の資金提供が受けられる）
大正 3 年 （1914年）	富士元宮浅間太神宮の社格奉祠に関し貴衆両院に請願し、衆議院では採択された。
大正10年 （1921年）	三輪義熙が宮下文書の神代に関する部分を調査し、その結果を『神皇記』として発行。また天覧に供した。
大正11年 （1922年）	宮下文書の研究を目的とする財団法人富士文庫を設立。三輪義熙や宮下源兵衛は理事に就任した。
大正12年 （1923年）	関東大震災により、富士文庫事務所全焼。関係書類を焼失。
大正15年 （1926年）	財団法人が『富士文庫　第一巻』を発行。その後活動は停止。

*1 「紀元前3世紀」は、『史記』の記述からの年代。また孝霊天皇の実在が確認されているわけではない。

*2 「古代の時代」の記述は、宮下文書に書かれている内容。
宮下文書による現在の小室浅間神社の名称変遷等の歴史は、『現代語訳神皇紀』第二編第三章に筆者の三輪氏が「余談」として整理している。

*3 文久3年から明治22年の事項は、発見者の宮下源兵衛自身が大正15年発行の『富士文庫　第一巻』に記している内容。

*4 ウィキペディアの記事では、宮下文書が世に出たのは明治16年としているが、これは身内の二人で箱を開けた年で再度封印したとあり、これが事実だとしても第三者が確認したわけではない。「世に出た」といえるのは、三輪氏が研究を始めた明治26年ごろと考えるのが適切だろう。

*5 明治36年以降の記事は、大正15年発行の『富士文庫　第一巻』の記事による。ただし*6については「富士吉田市歴史民俗博物館だより2000.9.30」の記事による。

『宮下文書』の内容例

　次ページの画像は、宮下文書の一つの巻きである「支那震旦國皇代暦記」書き出し部と最後の署名部分を示したもの。

　この例でわかるように、文は漢字で書かれているが漢文ではなく和文で、しかも近世か近代の文体であり、高校で習う古文よりもずっと理解しやすく、古語辞典もほとんど不要だ。

　最後の署名部分で、宮下家の先祖が安元2年（1176年）寒川神社から借

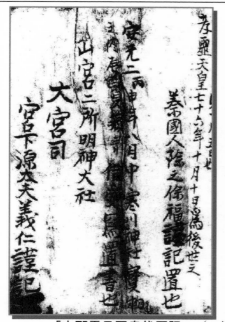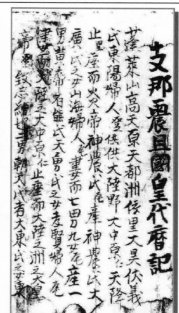

「支那震旦国皇代暦記」（一部）

・全て漢字であるが、漢文ではなく日本語文である。助詞の「と」は「登」、「の」は「野」「に」は「仁」、「を」は「尾」の漢字が当てられている。
・最初の三行目の途中までを、助詞をひらがなに書き換えると、次のとおり。これは漢文ではなく日本語であることがわかる。
　原文：蓬莱山高天原天都洲依里太昊伏義氏東陽婦人登供供大陸野大中原
　　　　仁天降止里座而炎帝神農氏尾生・・・
　訳文：蓬莱山高天原天都洲より太昊伏義氏、東陽婦人と供供、大陸の大
　　　　中原に天降止り座し、炎帝神農氏を生み・・・
・左は最後の署名部分で、訳文は、「孝霊天皇の七十六年十月十日に、後世への記録として、秦国人除の徐福、謹んで書き置く。安元二（1176年）丙申年八月中、寒川神社宝物蔵より借り受け写した。
　　山宮二所明神大社大宮司　宮下源大夫義仁謹記」

りて書き写したものだとしている。寒川神社は、相模国一宮（現神奈川県寒川町）にあるが、宮下文書によると寒川神社は最初は富士山麓にあったが、富士山噴火から避難するために相模国に移転したとして

いる。しかし他の資料などからは、古代に富士山麓に寒川神社があったことは確認できず、また寒川神社側の「寒川神社社志」などの資料からも、当社が甲斐から移転してきたなどとは確認できない。

『宮下文書』が発見された大明見集落の歴史

　宮下文書が発見された富士吉田市大明見の集落は、元々東方の谷間である阿曽谷小室にあったが、貞享3年（1686年）頃に丸尾（溶岩流）の地に区画を整理し、全戸が移転したという特異な歴史を持つ。（図1）

　移転地は、南北に走る中央通りに沿って、東西に細長い敷地を与えられ、家屋は中央通りに面した場所に建てた。家屋の奥は畑地であったが、徐々に分家がここに家を建てて市街地化していった。住民の氏は、宮下、カガミ（加賀美、加々美）、桑原など、数種見られるが、その中で多いのが宮下姓だ。宮下姓でも系列がいくつかあり、宮下文

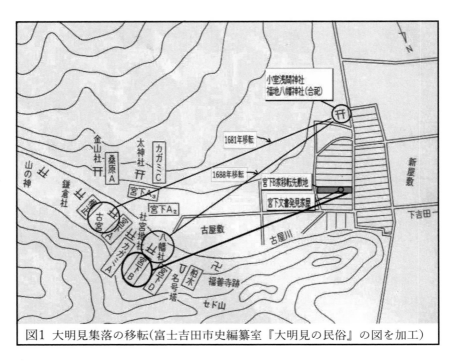

図1　大明見集落の移転(富士吉田市史編纂室『大明見の民俗』の図を加工)

書が「発見」された宮下家は移転前は図1の宮下Bの位置にあり、敷地に福地八幡社を祀っていた。

　大明見の村社は富士山北東小室浅間神社であるが、神主の宮下壮一家の文書によるとこの神社は集落移転前は、図1で「古宮」と書かれた位置にあり阿曽山神社といったが、後に阿曽谷宮守神社とし、さらに冨士浅間神社と改めたという。現在も移転前の地には石の祠がある。

　福地八幡社もほぼ同じ時期に移転し、小室浅間神社に合祀された。現在の小室浅間神社の境内には八幡社の祠は確認できないが、八幡社の例祭は大正時代まで行っていたようだ。宮下文書が発見された宮下家は八幡社を管理する家で、小室浅間神社神職は別の宮下家である。しかし八幡社が小室浅間神社に合祀されたので、宮下文書の宮下家も小室浅間神社の神職を務めたと伝えられている。

（参考文献：富士吉田市史編纂室『大明見の民俗』昭和63年）

小室浅間神社と福地八幡神社

　宮下文書には、小室浅間神社と福地八幡社がアマテラスの時代に遡る日本の中心的な神社であったことが読み取れるが、その変遷は矛盾した記述もありはっきりしない。いずれにしても両神社は日本の中心としている阿祖山太神宮にルーツを持つことを主張している。

○宮下文書に記されている両神社の由緒

・小室浅間神社：天照大神が、小室に神祖を祀るため阿祖山太神宮
　（その後社名は元宮阿祖山太神宮、阿祖山太神宮等と改称する）
　を設立したのが浅間神社の始まりとしている。

　（現在の小室浅間神社に掲げている由緒書では、崇神天皇6年阿曽谷神社を鎮祭したことから始まり、崇峻天皇の時代、富士山元宮阿座眞明神と改称、貞享3年古屋敷より現在地に引移し福地八幡神社を合祀したと書かれており、宮下文書の記述とは異なる）

・福地八幡神社：日子火火出見尊（ひこほほでみみこと）が神祖を祀るため、高座山と名付

けた山に寒川神廟を設立。寒川神廟を含めた高天原七廟は元宮阿祖山太神宮に合祀された。

（注：富士吉田市下吉田にも福地八幡神社と似た名称の「福地八幡宮」があるが、関係は不明）

なお近年、大明見元宮の更に奥地に新興宗教団体が宮下文書に書かれた「阿祖山太神宮」を再興している。

2　宮下文書成立の時代と背景

なぜ『宮下文書』が偽書とされるのか？

歴史研究では、文献から史実を見出そうとする場合、その文献を様々な方面から信憑性を検討する「史料批判」を行うが、宮下文書を支持する人たちはそのような手法をとらず、宮下文書が基本的に正しいことを前提として理屈づけしている。そのため彼らとの「偽書論争」は話が噛み合わず不毛だ。ここでは、偽書であることの説明は最小限とし、宮下文書がいつ、どのような背景で成立したのかを検討したい。

宮下文書が偽史であることは、原田実『偽書が揺るがせた日本史』（2020年3月山川出版社）や藤原明『偽文書学入門』（2004年5月 KASHIWA学術ライブラリー)など多くの研究者が明らかにしている。これらを参考に、概要だけを列挙した。

・富士山麓に帝都があった、としているが、その考古学的根拠がなにもない。宮下文書支持者は遺跡が富士山の噴火により溶岩で埋没したと主張するが、平安時代の噴火によりどこがどれだけ埋没したか今の地質学では当然分かっており、富士吉田が全面的に埋もれたわけではない。

・宮下文書に書かれた富士山噴火の記録が、「地質学的にも正確」とし

ている主張が聞かれる。これは神原信一郎氏が明治43年〜昭和13年に調査研究した結果を『宮下文書の研究』に著したものが元本であるが、現代の地質学ではほぼ否定されている。（参考文献：小山真人『歴史読本』2012年3月の「富士山延暦噴火の謎と宮下文書」）

・中国から来たという徐福一行の名前が、福永、利益、忠時、熊佐など、日本人の名前である。

・人民、海軍、国民、大本営など、幕末以降に作られた日本語が多く使われている。

・建国の日が2月11日と記されているが、これは明治6年に国が定めたもので、宮下文書がこれ以降に書かれたことの証となる。

・宮下文書は内容が全く矛盾する多くの文書がある。例えば154ページに示すようにいくつかの開闢物語があり、仮に一つの物語が正しいとすると他の文献は正しくないことになる。

　最近は宮下文書支持者からも全てが正しいとの主張は聞かれなくなった。彼らの主張は、転写したときにその時代の情報が入り込み、文体もその当時の現代文にしたために偽書と見なされるが、何らかの古代の正しい情報も入っているはずだ、としている。しかしその正しい情報とはどこの部分で何を根拠に正しいと言えるかの説明がない。また近世、近代に書き換えたのであれば、書き換え前の原本が一片も残らないというのは考えにくい。

　なお偽書とは、正しい歴史が書かれているかどうかではなく、書いた時代や人を詐ったもの。古事記日本書紀は正しい歴史とは言えないが、時代を詐っていないので偽書ではなく、宮下文書は明治時代に書いたものを徐福が書いたとしているので偽書となる。

　また注目すべきは、宮下文書を扱った書籍の中に、宮下文書に書かれてもいないことが「宮下文書にはこう書かれている」との勝手な解釈が一人歩きして、新たな宮下文書伝説が形成されてくる。例えば「宮下文書では高天原は日本ではなく中央アジアだ」という内容の本が出

版され、あとに続く研究者は原文を確認もせずそれが宮下文書の内容だとして、偽史を上塗りして拡散していく。

いつ誰が書いたのか

　宮下文書に建国の日が2月11日と書かれていることから、最大限遡っても宮下文書の成立は建国記念の日が定められた明治6年以降となる。第三者である三輪氏が宮下文書を確認した明治26年ごろなので、書かれたのはそれ以前と言えるが、さらにさらにその後も書き加えられた可能性も否定できない。青森県の偽書『東日流外三郡誌』の場合は裁判問題に発展したこともあり、多くの研究者が入り筆跡鑑定まで行い、結局古文書の発見者が問題が発覚してからも、つじつまを合わせるためにせっせと書いていたことが明らかになった。(参考文献：斉藤光政『偽書「東日流外三郡誌」事件』2009年　新人物往来社)

　宮下文書の内容で開闢物語やウガヤフキアエズの系図も全く異なるものがいくつかある。現在ならば文書の修正はパソコンで上書き保存するので修正の過程は文書では残らないが、宮下文書は何回か書き直しを行い、前の文書も残したためこのような矛盾が生じたのだろう。

　また筆者は宮下文書の古代史部分は全て目を通したが、筆跡、誤字、くせ字がほとんど同じで、一人の人が書いたと思われ、発見者である宮下源兵衛が書いたと考えるのが自然だろう。

『宮下文書』と神社の社格

　偽書を書く理由として指摘されていることは、宮下家が宮司を務める神社の社格問題だ。『富士文庫第一巻』に、「明治39年1月15日、三輪義熙は古文書（宮下文書）に依り「富士元宮浅間太神宮」が洩れて社格を以て祭られざるをなげき、其御事蹟を明治大帝に上奏す」とある。ここでいう「社格」とは何か？　小室浅間神社は明治のはじめ、

村社に格付けされているが、さらにその上の社格を求めたともとれる。しかしそうではなく富士本宮浅間太神宮（現小室浅間神社）が、古代神社の格付けを決めた延喜式で、大社、小社にも指定されていないことを三輪氏が嘆いているのだ。（『神皇紀』第二編第三章「余論」による）　そしてこの上奏から三年後の明治42年、小室浅間神社は「神饌幣帛料供進神社」の指定を受ける。これは地方公共団体から例祭の資金提供が受けられる等の経済的メリットがあるが、それよりも行政から支援を受けるという、国家神道としての格付けの意味が大きい。

　以上のことから言えることは、宮下文書を根拠とした明治天皇への上奏により十分な成果を得たことだ。なお大正三年に富士本宮浅間太神宮社格奉祀に関し、貴衆両院に請願して衆議院では採択されたとしているが、具体的にどのような内容かは不明。

『宮下文書』はなぜ書かれたのか？

　しかし社格だけの目的でこれだけ多量の文書を書く必要があるのか、という疑問は残る。偽書研究者の藤原明氏も『偽書学入門』の中で、偽作の発端は社格の問題ではなく別のところにあると推測し、偽書の背景を明らかにすることが今後の研究に有効、としている。筆者も社格の問題は直接の理由ではないと考え、次のように推測する。

　偽書を書く動機は人を騙そうとする目的ではなく、本人は正しい歴史を書いていると思っていると考える。第6章で紹介したが、徐福の本を数冊書いた方が、自らの著書の中で根拠はチャネリング（特別の能力を用いて霊的・精神的な世界と交流する）だと公言している。明治時代で、しかも神社の関係者であれば、自分に霊的能力があうと思い込むことは十分にあり得る。自分の所属する神社が過去に素晴らしい歴史を有しているのかを「霊感」で知り、社会に知らしめたいと考え膨大な歴史書を創作したのだろう。もちろん「霊感」は「こうあってほ

しい」という心の願望の現れなのは、今も昔も替わらない。

　宮下文書は日本書紀、続日本紀、平田篤胤などを元ネタとしており、作者はかなりの知識人であることがわかる。大正時代の『神皇紀』の発刊による社会の反応は驚きはあったものの、当時は奇想天外と思われず、学識者からも支持を得られているが、それは時代が違うからだ。（学術研究としての偽史問題については、第6章（P125)に記載）

3　宮下文書と皇国史観

明治時代の社会的背景

　宮下文書の書かれた明治時代の社会的な背景を考えてみよう。日本では学問というと儒学系が中心であったが、江戸時代中期から古来の日本独自の文化を見直そうとする国学が勃興した。国学自体は排外主義ではなかったとのことだが、本居宣長の後継者を自任する平田篤胤は日本の文化が世界で一番とし、その後の尊皇攘夷などの排外思想、国家神道、廃仏毀釈につながる。平田国学は、「草莽の国学」と言われるように広く民衆に浸透し、その様子は島崎藤村の『夜明け前』や、2021年のNHK大河ドラマ「晴天を衝け」にも表現されている。平田派は倒幕運動に利用されものの、その後明治政府によって政治運動としての平田派は排除された。しかしその皇国思想は現代に至るまで影響を与えている。（参考文献：桂島亘弘『幕末民衆思想の研究』文理閣2005年）

　現富士吉田市の富士山の登山口に北口本宮冨士浅間神社があり、その近くに富士講の御師の街であるが、明治維新によりその宗教的環境は一変した。平田神学を学んだ宍野半は、明治7年静岡県富士吉田市の富士山本宮浅間神社の宮司となり、富士山中の仏像などを破壊して沢に投げ捨てたが、彼は山梨県の富士吉田北口本宮冨士浅間神社の宮

司も兼務した。また明治6年、富士講諸派を結集して富士一山講社（後の扶桑教）をに富士吉田市に設立した。（参考文献：岩科小一郎『富士講の歴史』昭和58年）

　大明見の小室浅間神社と宍野との関係に関する史料は確認できなかったが、この時代大明見の浅間神社も地域的に宍野の支配下か、少なくとも影響下に入っていただろう。宮司の宮下家も神社の存続、格上のためにも宍野の平田国学を受け入れるのは自然の流れだ。

　『神皇紀』の著者である三輪義煕（よしひろ）は、序文で「神皇の事跡が歴史から漏れていることを発見し、事が皇室に関係し重大事であり、これを公表しないのはかえって不敬となる。皇祖高宗（天皇の始祖と当代に至るまでの歴代の天皇）の完結は、我が国体が完璧でますます光り輝き、皇統の万世一系がいよいよ崇高にならしめるものである」（要約）と記している。すなわち宮下文書が当時の皇国史観をさらに補強するものであることを強調している。戦前、古史古伝と言われる『竹内文書』、『九鬼文書』が当局から弾圧を受けたと言うが、宮下文書は弾圧を受けるどころか、明治天皇への上奏が通ったということは、皇国史観にマッチしているということだ。

　なおこの時代、皇国史観に基づく由緒を書くことは他の多くの神社でも、生き残るために普通に行ったことであり、宮下家が特別なわけではない。徐福が登場する別の寺社の由緒書きも、「徐福がインドの僧から仏像をもらった」など歴史上ありえないものも多いが、それも一つの文化とみなされ、歴史的に間違っているとは誰も批判しない。問題の所在は宮下文書にあるのではなく、正しい歴史だと書籍やネットで騒ぎ立て、反論を許さないオカルト思考にある。

> **参考：皇国史観とは**　アジア太平洋戦争期にいわば国教化した天皇中心の超国家主義的日本史観。その根源は幕末の尊攘思想、平田国学、明治の国粋主義などまでさかのぼりうるが、とくに昭和前期平泉澄（ひらいずみきよし）らにより提唱されたものをさす。　（日本大百科全書　「皇国史観」の一部より）

古事記・日本書紀、宮下文書の開闢物語の比較

　宮下文書は古事記、日本書紀を元ネタとしているが、宮下文書内でも内容が異なり相互に矛盾している。『神皇紀』は大正時代に宮下文書を取捨選択して書かれた一つの物語である。2023年神奈川徐福研究会発行の「対訳　富士古文献」は、宮下文書原文の対訳本であるが、宮下文書の全ての対訳でないため、宮下文書内部の矛盾に気がつきにくい。

　いずれも内容は皇国史観であるが、世界がどのように始まったかを記述する「開闢物語」は、それぞれの世界観を表している。

文　書	開闢と初期の神々（宮下文書では神々も地上の人間）
古事記	天地の始めの時、高天原の神の名は天御中主の神、高御産巣日神、神産巣日神・・・・国之常立神・・・・伊邪那岐、伊邪那美
	解説：初めから天地があり、開闢の記載がない。
日本書紀	天地未剖の混沌状態から開闢して天地形成。国常立尊　国狭槌尊、豊斟渟尊・・・・・・伊弉諾、伊弉冉
	解説：天御中主尊は本文には登場せず「一書」として記載。
宮下文書1 （不二山高原 小室谷開闢）	富士山に天御中主始め諸々の神々が天下りした。
	解説：いきなり地上世界の富士山に天御中主などが天下り、そこから世界が始まっている。
宮下文書2 （天地開闢神 代略歴）	天地開闢の源である須弥山不二蓬莱山（富士山）の峰に、火と熱と共に神種が現れ、この地が長く栄えた。これを天の世と言う。また、須弥山不二蓬莱山中央高天原の大原を神都と定め、ここを天之御中の世という。後にこの都を高天原と言う。・・・・この世の始め、神皇大日留女尊（天照）は、本島を八つの国に分けた。
	解説：天地開闢とは言っているが、富士山は初めから存在。「天之御中の世」としているが、最初の神は天照。なお「須弥山」はインドの山であるが、富士山を須弥山としている。

宮下文書 3 （開闢神代歴代記・蘇我氏武部氏栄日子氏三家世代記）	須弥仙の山を天竺又は天台山という。須弥は四州に分かれ、四種類の人種がいる。 ・阿間都州・阿間野世七代の神を列記。 　（天目野穂火夫神・同穂火母神の夫婦神から始まる） ・天竺震旦の娑婆　天之御中世十五代の神を列記。 　（天之御中主神　天之御中比女神の夫婦神から始まる）
	解説：舞台をインド・中国を含む世界に広げている。しかし天竺と天台山の区分など地理的概念が不明確。 なお「須弥」はここでは富士山ではなくインドや中国。
宮下文書 4 （支那震旦国皇代暦記）	蓬莱山高天原天つ州から、太昊伏義（中国の伝説上の皇帝）は東陽夫人と共に大陸の大中原に天下って、その地で炎帝神農氏（古代中国の伝承に登場する三皇五帝の一人）を生んだ。…国常立尊、国狭鎚彦、伊弉諾、伊弉冉……
	解説：ここでは富士山から人が中国に行って皇帝になったと言っており、歴代の中国と朝鮮の皇帝、日本の神々、天皇もその子孫となっている。なお他の宮下文書で重要視されている天御中主が登場しない。
神皇紀 （大正10年） （1921年）	天地が初めて開いたとき、先ず始めに現れた神の名は天之峰火夫神など七柱（天之世天之神7代）。その後、天御中主神、高皇室産穂男神など（天之御中世火高神15代）、国常立尊……伊弉諾、伊弉冉尊…
	解説：神々の順番は宮下文書3から取っているが、舞台は国内に限定している。
対訳 富士古文献 （平成5年） （2023年）	（前文）開闢元祖の神は天之峰火夫神といい、この神から22代は日本列島の外にいた。
	神々の順番は宮下文書3から取っており、神々も国外に広げており、神皇紀とは異なる。なお宮下文書3と4は対訳に載せているが、宮下文書1と2は掲載されていない。

宮下文書1と宮下文書2では、富士山で天御中主（あめのみなかぬし）から日本が始まったとするストーリーであり、これは古事記のストーリーをなぞっている。また天御中主（あめのみなかぬし）は平田篤胤が重視した神だ。宮下文書3では開闢物語をインド・中国に広げ、宮下文書4では日本人が中国に天下って中国皇帝となり、その子孫が中国だけでなく韓半島の皇帝、さらにイザナギなどの日本人、天皇に繋がっている。これらの宮下文書の４つの書は、全く内容が異なるが、日本の神々と天皇が中心の皇国史観であることには変わりはない。

　なお、古事記日本書紀では、神々の活動は天上世界であるが、宮下文書ではで現在の富士吉田市である地上世界の高天原（たかまがはら）で、アマテラスなどの神々もこの世の人間として描かれている。これは宮下文書が書かれた明治時代が、一方では近代科学を取り入れ、天上世界の神話が受け入れにくくなった時代になったからだ。

『宮下文書』に記された系図
一徐福、始皇帝、三韓の王、天皇家はみな同族！？一

　中国の歴史的に確認されている王朝は夏から始まるが、歴史書にはその前も時代に伝説上の「三皇五帝」がある。宮下文書によると、三皇の一人である伏羲（ふっき）は、蓬莱山の高天原（富士山）から婦人と共に大陸の大中原に天下り、その子孫が「五帝」の黄帝（こうてい）、秦の始皇帝、さらには日本の神武天皇などの天皇家や韓国の王につながっている。図2の系図は、宮下文書4「支那震旦国皇代暦記」等の記述から筆者が作成したものだが、宮下文書の他の文書には、前述したようにこれと全く矛盾する記載となっている。

　富士山から中国の中原（黄河流域の中国文明の発祥地）に天下った、ということは太昊伏羲は日本人であり、中国皇帝もその子孫ということになる。『宮下文書』の「除除子系暦」の中で、徐福が始

皇帝に次の進言を行っている。「東海にある蓬莱山島は全世界の祖国であり、遠い先祖の神々がいるお国です」　すなわち日本が世界の中心で徐福や始皇帝の先祖の国であることを説明しているのだ。

　前述したとおり、宮下文書の別の巻には日本国内で完結する歴史もあり、『神皇紀』でも国内完結の歴史としてアレンジしている。従っていくら『神皇紀』を読んでもこの系図は現れない。『神皇紀』は宮下文書のダイジェスト版と言われるが、創世の部分だけを見ても、宮下文書各巻の矛盾している内容を取捨選択し、つじつまを合わせて一つのストーリーにしたことがよくわかる。

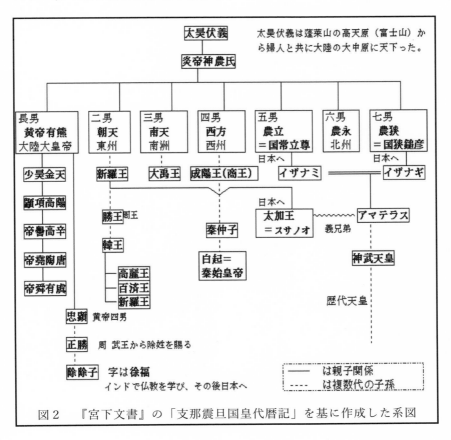

図2　『宮下文書』の「支那震旦国皇代暦記」を基に作成した系図

　記紀での日本の歴史は実質的にはイザナギ、イザナミから始まるが、それ以前の歴史が宮下文書に書かれていることが、宮下文書が記紀よりも古い証拠だという研究者がいる。しかし江戸時代の学者、富永仲基（1715-1746）が『出定後語』において「加上説」として提唱した説では、新しい時代に書かれた文書は自分を権威づけるために、既存の歴史に古い時代を付け足すとしている。宮下文書のイザナギ以前の雄大な歴史は、逆に文書の成立が新しいことの証ということになる。

平田篤胤と宮下文書

　中国の皇帝のルーツが日本人であるとするのは、江戸時代の国学者である平田篤胤が言い出したことだ。平田は『三五本国考』（新修平田篤胤全集第八巻　三五本国考上巻　昭和51年）で、中国の伏義などの「三皇五帝は皆、日本人が中国の蠢く民に教養を与えるために渡ったものだ」としており、宮下文書は明らかに平田の考えを物語化したものだ。宮下文書は明治時代、朝鮮半島を巡って清国との関係が悪化した時期に書かれたので、時代を反映したものだ。

　平田篤胤の著作には直接徐福に言及した記述も見られる。主には蓬莱、方丈、瀛洲を論じた「三神山余考」に登場するが、内容は「徐福が会った仙人は、実は日本の神様だ」「三神山は日本のことだ」「徐福は中国から文明を伝えなかった」「徐福が平原広沢を得て王となったとあるが、王とは単に連れてきた童男童女の長の意味だ」などだ。これらは徐福が日本に来たことを前提としているものの、中国に対する日本の優位を強調するための理屈づけに使われている。宮下文書では、徐福が機織りなどの文化を伝えたとの記述はあるが、文化伝達の役割はわずかであり、始皇帝や徐福の先祖の国である日本のすばらしい歴史を書き留めた、という皇国史観を宣伝する役割を徐福に与えている。

神代文字

　宮下文書の記述からは「古代に日本独自の文字である神代文字があり、徐福は神代文字を翻訳したと」と読み取れる。宮下文書に神代文字関することはわずかな部分であり、しかも「あいうえお」のような表音文字はなく、写真2のようにヒト、アタマなどの名詞を羅列してカタカナでふりがなを付けているだけで、文章にはなっていない。神代文字は江戸時代に平田篤胤（ひらたあつたね）が提起し、宮下文書が書かれた幕末・明治期に議論が盛んになった。皇国日本が歴史の上でも世界の中心だったとする一部国学者は、日本には漢字伝来以前から文字があったはずだとしているが、学術的には神代文字の存在は否定されている。

　戦時中の昭和17年、内閣に「肇国聖蹟調査委員会」を設け、多くの学者も委員として参加させられた。九州への天孫降臨からの神代御三代（ニニギ、ヒコホホデミ、ウガヤフキアエズ）を地上の歴史として位置づけるための調査を行い、神代文字についても検討された。しかし学者委員は全員が神代文字に対して否定的だったと言う。戦後は公的には神代文字の議論は聞かれなくなったが、現在でも皇国史観の歴史愛好家から神代文字の存在が主張されている。

（参考文献：小澤実編『近代日本の偽史言説』
（勉誠出版2017年）第2章三ツ松誠論文及び
第4章長谷川亮一論文）

宮下文書の神代文字

４．宮下文書に描かれた古代の歴史

宮下文書に描かれた歴史の主題

　膨大な量で、しかも内容が矛盾している宮下文書の内容は簡単にまとめることはできない。しかし宮下文書が主張しているテーマは意外と単純だ。宮下文書は基本的には日本書紀、続日本紀などの歴史書をベースにし、異なるのは東アジアの盟主としての日本の立ち位置で、さらに日本の中心地がいつの時代も現在の富士吉田市である富士高天原（たかまがはら）ということだ。記紀では高天原は、神々のいる天上世界であるが、宮下文書では現在の富士吉田市に実在した帝都だ。その中で政治文化の中心は、宮下家の先祖が司る阿祖山大神宮である。人皇の都は富士高天原から九州、そして大和の橿原へと移るが、富士高天原（富士吉田市）は常に実質的な首都となっている。このような観点で「アマテラスの時代」「九州遷都」と「橿原遷都」の内容を具体的に見て行こう。徐福は孝霊天皇の時代に日本に来て、神代文字で書かれた歴史を翻訳したと読み取れるが、その内容は日本の神々と天皇を礼賛する皇国史観の歴史となっている。

　　（注：宮下文書では神々も地上の人間として描かれており、神と天皇との区
　　　　分がつけにくいので、この項では両者を会わせて「神皇（じんのう）」とした）

アマテラスの時代　　（百済が日本乗っ取り未遂？？）

　アマテラスは豊かに国を治めたが、百済国の王子、多加王がアマテラスを妻にして日本を領有しようとし、1300人の従者を引き連れ富士高天原（富士吉田）に来た。アマテラスは岩戸に隠れ、日本側は8000人の従者が集まって王子を生け捕りとし、従者を皆殺しにした。アマテラスは多加王を説得し、兄弟の契りを結んだ。

　百済国の王子とはスサノオだとしている。別の宮下文書では、百済国王も先祖は日本人で、日本の皇室と血縁関係があるとしているので

和解したのだろう。日本人の子孫としている王子に対しては寛容で、従者は皆殺しにするなど、明治時代の朝鮮蔑視の思想に基づいて書かれている。

九州遷都　（日本軍は大陸軍に圧勝？？）

　記紀の天孫降臨では、ニニギが天上世界から九州に天下ったとしているが、宮下文書ではニニギの代に富士高天原から九州に遷都したとしている。遷都の理由は、大陸（中国）からたびたび筑紫島（九州）に軍勢が攻め込んで来るので防御を固めるためとしている。戦争は次代のヒコホホデミ、ウガヤフキアエズの代まで続く。戦争は苦戦しながらもいつも日本軍が勝利している。これも明治時代の日中関係を反映しているからだろう。ウガヤフキアエズは同じ名前の神皇が51代も続いたとしているが、これは日本書紀を元ネタとしながらも年数を引き延ばして年代のつじつまを合わせるためと思われる。

　神皇が崩御すると、そのたびに皇子が筑紫（九州）から富士山高天原（富士吉田市）に行き、阿祖山大神宮で即位の儀式を行い、また筑紫に戻って政務を行った。すなわち九州遷都後も富士高天原は精神的、宗教的な首都であったとしている。

橿原遷都　（神武天皇は新羅軍を撃破？？）

　第51代続いた最後のウガヤフキアエズは、第四皇子の日高佐野王（神武天皇）と供に、賊軍を討ちながら大和に向かった。記紀の東征と大きく異なるのは、賊軍に新羅軍が加わり国際戦争だったとしており、ここにも朝鮮半島の軍を打ち破る、明治時代の「アジアの盟主日本」の姿を反映している。東征を成し遂げた日高佐野王は、紀元元年2月11日、大和国橿原で即位し神武天皇となった。

　宮下文書によるとこの時代も高天原の阿祖山太神宮は健在で、神武

天皇の勅命によって全国の神社を調査した結果、阿祖山太神宮は摂社2
50社、末社350社という、全国の神社の中でも圧倒的な規模であった。
　橿原遷都以降も三品の大御宝（三種の神器）がまだ富士高天原にあ
ったので、天皇の即位式の時は、これを富士高天原から大和に持って
行き、即位式が終わると再び富士高天原に戻した。これを10代崇神天
皇の代まで繰り返したが、崇神天皇の時代、大和笠縫に新宮（天照皇
太神宮）を建設し、三品の大御宝の模造品を作成して新宮に収めた。

徐福に関する記事（徐福の先祖は日本人？？）

　「徐福が書いた」宮下文書には徐福に関する記述は少なく「除除氏系
図」などに見られるが、概要は次のとおり。

・徐福の先祖は日本から中国中原に天下った伏羲。なお伏羲の子孫は
　始皇帝など歴代中国皇帝、朝鮮半島の三韓の王、日本の神々などと
　しており、東アジア全土に及んでいる。（P157参照）

・「徐福」は字であり、姓は除、名は除子。（『史記』の記述とは異なる）

・徐福は七代に渡り子路、孔子門下に入り、諸文学、日本の国学を学
　び、インドに行って仏教も学んでいる。　　（歴史的にあり得ない話だ
　が、徐福の先祖が日本人という文脈から、徐福が国学や仏教を学ん
　だことにしたのだろう。なお歴史的には仏教が中国に入るのは1世紀
　頃とされ、徐福より後の時代となる）

・徐福は始皇帝に向かって、「東海にある蓬莱山島は全世界の祖国であ
　り、遠い先祖の神々がいるお国です。ここには長生不死の薬があり、
　これを飲むと千万年の寿命が保たれます。」と進言した。

・徐福は秦国3年（孝霊天皇72年）、大船85艘、老若男女500人あまり、
　穀物、金銀などを積み、出航した。

・途中富士山を見失い、紀伊国に三年留まったのち、富士山が見えた
　ので、孝霊天皇74年、再出発し駿河の吉原に上陸して、紀伊国出発

から10か月後に富士高天原に着いた。

・徐福以降は、徐福の子孫が宮下文書を書いた。徐福の家族は、長男福永、二男福満（後に福島と改名）などで、子孫の一部は紀伊の熊野に移住して開墾し、徐福の霊を祀った。徐福の子孫の多くは秦姓としたり、姓の一部に福の字を付けた。

参考：宮下文書に関する書籍

① 佐治芳彦『謎の宮下文書』徳間書店　1984年

　　宮下文書の高天原を中央アジア以西とし、渡来人もここからやってきたとしているなど、宮下文書に書かれていないことまで拡大解釈している。

② 渡辺長義『探求　幻の富士古文献』　今日の話題社　2002年

　　渡辺氏は、富士吉田市に近い忍野村の出身。宮下文書の内容を紹介、解説しているが、偽書問題については宮下文書を正しい歴史とする立場で「思う思わない」の感覚的な対応となっている。

③ 久野俊彦・時枝務編『偽書学入門』柏書房　2004年

　　（藤原明「近代の偽書－超古代史から近代偽撰国史へ」）

　　偽書全般を解説しているが、その中で宮下文書に関して詳細に調査研究している。この中で、「偽書研究とは真贋を論議するのではなく、偽書が歴史的に存在する事実を受け止め、それがどのような精神世界を体現したか」の視点だとしている。なお藤原明氏は、『別冊歴史読本54号　危険な歴史書「古史古伝」』（新人物往来社2000年）でも宮下文書を論じている。

④『危険な歴史書「古史古伝」と「偽書」の謎を読む』（新人物往来社2012年）の小山真人「富士山延暦噴火の謎と宮下文書」

　　宮下文書に記された「富士山延暦噴火」の記事を学術的立場から検証し、大幅な誇張や明らかな誤りが多数含まれているとしている。

⑤ 伊集院卿『富士王朝の謎と宮下文書』学研パブリッシング　2014年

　　宮下文書を支持する立場であるが、経過や内容をよく調査しており、参考となる書籍。現在の宮下文書は写本であり、書き加えがあることが偽書と見られる理由であり、仮に全てが偽書だとしても、埋没した史実があるのではないかとしているが、その史実が何であるかの説明はない。

⑥ 原田実『偽書が揺るがせた日本史』山川出版社 2020年

　明治時代の宮下文書の「発見」から、大正時代の三輪氏の神皇紀出版と政治家、軍人などの多くの名士が参加した「富士文庫」の設立の経過、さらには戦後の『神皇紀』の復刻、現代語訳、宮下文書に基づく宗教団体の設立とそれを支援する国会議員、行政の動きが記載されており、宮下文書が社会的な影響を与えていることがわかり、本書でも参考とした。

　なお原田氏はこの他、『図説 神代文字入門』、『偽史と奇書が描くトンデモ日本史』などの身近な偽史を分かりやすく書いている。

⑦ 神奈川徐福研究会『現代語訳神皇紀』今日の話題社 2011年

　三輪義煕『神皇紀』（大正10年）を現代語訳したもの。（P141参照）

⑧ 神奈川徐福研究会『対訳 富士古文献』彩流社 2023年

　宮下文書の一部を対訳したもの。（P141参照）

第7章 まとめ

・『宮下文書』は多数の文書の寄せ集めであり、文書により極端な内容の矛盾が見られる。

・大正時代発行の『神皇紀』は、『宮下文書』の矛盾した内容を取捨選択し、一つの物語に編集したもの。

・『宮下文書』によると、現富士吉田市にはアマテラスなどが生活した古代日本の帝都があり、発見者の宮下家が宮司をしていた神社は、この時代の日本の中心の神社であったとしている。

・『宮下文書』の内容は、中国の歴代皇帝や朝鮮半島の三韓の王が日本人（神）の子孫だとするなど、日本の中国、韓国侵略を正当化するもので、「国際的国家神道」と言える。

・『宮下文書』に書かれている内容を明治天皇に奏上し、その三年後に「神饌幣帛料供進神社」に指定され、経済的利益だけでなく、神社の格上げという名誉を得ている。

・宮下文書の経過と内容から、直接的な見返りを求め人を騙すために書かれたとは考えにくく、明治時代に「霊的能力」を持つ宮司により神社の由緒を膨大に膨らませたと推測できる。

あとがき　徐福と私

　筆者は定年退職後、ボランティアで日中友好関係の仕事をしていたが、誘われて神奈川徐福研究会に加入した。それまでは徐福という人物は全く知らなかったが、神奈川徐福研究会で青森県中泊町小泊を訪れたとき、「小説津軽の像記念館」元館長の柳澤さんから次の説明をうけた。「通常漁船の櫓は左についているが、小泊では右についている。徐福伝説のある中国や佐賀市も右櫓であり、これは徐福が伝えたものだ」との伝説を紹介し、そのあと「実は」の話で右櫓の理由は、「魚船が出航するときに神社がある権現山に尻を向けないようにするため」と聞き、伝説の面白さと伝説が生まれた背景を考察する徐福研究に興味が湧いた。その後も全国各地の徐福研究者とも交流を重ね、徐福伝説への興味がさらに深まった。

　神奈川徐福研究会は他地域の徐福研究会とは異なり、「富士山麓に古代王朝があって、そこに徐福が来て歴史書『宮下文書』を書いた」ことを史実であるとしている。しかし宮下文書の原文を見て、それほど古い文書でないことはすぐにわかった。筆者の先祖が江戸時代中期に書いた古文書が山形県米沢市の父の実家にあるが、それと比較しても宮下文書の文章は現代文に近いものだった。しかし読んでみると神々や天皇の活躍は、古事記日本書紀の物語と対比するとなかなか面白い。宮下文書は思想的には、日本の神々と天皇を賛美する明治時代の皇国史観を反映したものだが、徐福は日本人の子孫で、日本の神々や天皇とも血縁関係にあるなどどという「国際的皇国史観」となっている。このような宮下文書が書かれた思想的背景に興味をもち、当会が行う宮下文書の翻訳作業に参加した。

　2016年に全国の徐福団体の国内組織として日本徐福協会が発足し、筆者は事務局長に選任され2022年まで6年間務めた。この間各地の徐

福研究者と交流し、徐福文化の背景となる地方の文化と接し、日本の文化の奥深さを教えていただいた。また中国と韓国の徐福交流大会に参加し、両国の徐福伝説に触れると共に中国と韓国の方々と交友を深めた。

　筆者が本書を書く目的は三つあり、一つ目は徐福を説明する基礎的な知識を提供したいためだ。徐福に関する書物は多数発行されているが、徐福を知らない人が読むと理解しにくい本が多い。例えば『史記』の記述は徐福伝説の基本となるものだが、多くの本は徐福の出てくる部分だけを抜き出してるので、『史記』に描かれた歴史の中での徐福が分かりにくい。二つ目は筆者の活動で得た貴重な情報を記録としてまとめることだ。例えば各地の徐福の組織の歴史や、国際会議でのやりとりなどであるが、筆者は日本徐福協会の事務局長として情報を得られる立場にあり、これらを整理し記録に残したかった。三つ目はオカルト徐福に関してだ。徐福がユダヤ人だとしたり富士山麓に来て歴史書を書いたなどとするオカルト言説が、出版物やネットで主流となっている。しかしこれらを偽史だとして暴こうとするのではなく、なぜそのような発想に至るのかを、近現代の思想の流れの中で解明し明らかにすることを目的とした。

　徐福研究者の中には「徐福研究は徐福が来たことを信じるところから始まる」と聞く耳を持たない方もいる。筆者も自分の講演中に「個人的意見は言うな」と発言を止められたこともある。しかし筆者は「徐福は歴史だ」とする方とも交流があり、意見の違いを認め合うことができる方も多い。そもそも我々は学術研究の組織ではないので、一つの結論を求める必要もなく、楽しくやればいいことだ。他人の意見を封じようとするのはカルトへの道といえる。

　最後に私事になるが、筆者はカトリック系の大学で歴史学、宗教学、哲学を一般教養で学び、歴史や文化がこのように面白いものであることを知った。日本人は無宗教だと言われ、筆者も特別な宗教環境で育

ったわけではない。しかし普段意識することのなかった日本人の宗教観が我々の日常生活の中にも深く根付いていることに気がついた。当時はオーム真理教事件が発生する前のオカルトブームの時代であり、テレビでもスプーン曲げなど盛んにオカルト番組を放映し、また統一教会系の原理研究会も街中で宣伝していた。50年以上前の話になるが、友人と東京を歩いていたときに、ある宗教団体の宣伝に引っかかったふりをして話を聞きにいき、友人が相手を論破したことが思い出される。現在は旧統一教会が大きな社会問題となっている。それまでにも一部のジャーナリストはカルト宗教に対する警告を続けていたとのことだが一般には届きにくく、筆者も気がつかなかった。安倍元総理の殺害という大きな事件があって初めて明るみに出るという現実には驚かされ、ボーッとテレビのニュース番組を見ていたのでは、世の中の重要な情報は得られないことを改めて認識させられた。

　歴史や宗教とオカルトに対する興味を持っていた筆者にとって、退職後偶然出くわした徐福は私の嗜好にぴったりだった。歴史、地域文化、宗教、オカルトが混然としている徐福を眺めることによって、現代社会の一断面が見えてくる。

　2024年3月

　　　　　　　　　　　　　　　　伊藤健二

著者紹介

伊藤健二（いとう・けんじ）

1947年　横浜市生まれ。

1971年　上智大学理工学部卒、神奈川県職員となる。

2008年　退職後、中国語教室事務局など日中友好活動を行う一方、朝日カルチャー
　　　　センター等で歴史や文化を学ぶ。

2014年〜2020年　神奈川徐福研究会事務局長

2016年〜2022年　日本徐福協会事務局長

現在日本徐福協会会員、神奈川県日中友好協会会員

日本、中国、韓国での徐福関係論文発表多数。

徐福の基礎と現代の徐福言説

2024年4月10日　初版　第一刷発行

著者　　　伊藤　健二

発行者　　谷村　勇輔

発行所　　ブイツーソリューション

　　　　　〒466-0848 名古屋市昭和区長戸町 4-40

　　　　　電話　　052-799-7391

　　　　　ＦＡＸ　052-799-7984

発売元　　星雲社（共同出版社・流通責任出版社）

　　　　　〒112-0005 東京都文京区水道 1-3-30

　　　　　電話　　03-3868-3275

　　　　　ＦＡＸ　03-3868-6588

印刷所　　モリモト印刷